फ़लक तक

डॉ राजेश गुप्ता 'राजे'

NOTION PRESS

NOTION PRESS

India. Singapore. Malaysia.

ISBN xxx-x-xxxxx-xx-x

फ़लक से लिखा पयाम
ज़िंदगी के नाम

प्रस्तावना

डॉ० राजेश गुप्ता जी की रचना माला का तीसरा रत्न 'फ़लक तक' आपके समक्ष प्रस्तुत करते हुए अत्यंत प्रसन्नता का अनुभव हो रहा है । चिकित्सा शिक्षा में स्नातकोत्तर उपाधि प्राप्त करने के उपरांत इन्होने स्वयं चिकित्सा कार्य प्रारंभ न करके चिकित्सा प्रबंधन और सूचना प्रौद्योगिकी के चिकित्सा क्षेत्र मे प्रयोग को अपना लक्ष्य बनाया ।

संयोगवश मेरा संपर्क इनसे 2009 मे तब हुआ जब अपने विदेश प्रवास से लौटकर मै एक नये प्रॉजेक्ट मे दिल्ली आया और डॉ० राजेश गुप्ता जी को एक प्रमुख सहयोगी के रूप मे पाया । पहली मुलाकात मे ही ऐसा अनुभव हुआ की हममे बहुत सारी समानताएँ हैं । विशेष तौर पर परिवारिक पृष्ठभूमि, ग्रामीण परिवेश मे बिताया हुआ बचपन, हिन्दी माध्यम की प्रारंभिक शिक्षा इत्यादि । तबसे अबतक के नौ वर्षों के दौरान अनेक रूपों में हमारा संपर्क रहा । कितने जल्दी एक व्यावसायिक सहयोगी से बढ़कर हमारा संबंध एक पारिवारिक मित्र के रूप मे बदल गया, पता ही नहीं चला ।

डॉक्टर साहब वर्तमान में मेदान्त – द मेडीसिटी, जो कि अपनी उत्कृष्ट चिकित्सा सेवाओं के लिए सुविख्यात है, में सूचना प्रौद्योगिकी विभाग में उच्च पद पर कार्यरत हैं । इनकी साहित्यिक अभिरुचि का तो मुझे भान था, परंतु इनके अंदर एक अभिनव साहित्यशिल्पी और स्निग्ध हृदय कवि विद्यमान है, इसका अनुभव तब हुआ जब इनकी प्रथम पुस्तक 'डियर जिंदगी' के अनावरण समारोह में सम्मिलित होने का निमंत्रण मिला ।

इनकी यह तीसरी पुस्तक जब मैने देखी तो ऐसा अनुभव हुआ की इनकी भाषा, भाव और अभिव्यक्ति तीनों ऐसे तारतम्य में बँधे हैं, मानो अपने आप निकल कर सामने आ गये हों । कविता 'चच्चा' में अपने पिता श्री के लिए लिखे गये इनके उदगार हृदय को छू गये । अपने प्रिय मित्र की स्मृति मे लिखी गयी सुंदर कविता 'शैलेश' की गहराई मर्म स्पर्शी है । बहुत सारी कविताएँ केवल अपने आसपास की रोज़मर्रा की वस्तुओं और घटनाओं पर लिखी हैं । इनमे से हरेक रचना इनके संवेदनशील हृदय का परिचय देती है । जैसाकि कि पुस्तक का शीर्षक है, 'फ़लक तक' वैसे ही मेरी कामना है कि इस पुस्तक के माध्यम से इनका यश आसमान की उँचाइयों को छुए । आशा है की डॉक्टर साहब की इस कृति को पढ़कर आप आनंदित होंगे और इसे जी भरकर सराहेंगे ।

भवदीय,

जय प्रकाश द्विवेदी
चीफ इनफार्मेशन ऑफिसर
राजीव गाँधी कैंसर इंस्टिट्यूट एंड रिसर्च सेंटर
रोहिणी, नई दिल्ली

लेखकीय

ज़िंदगी कभी एक सी नहीं चलती। अगर एक सी चलती तो फिर वो ज़िंदगी नहीं होती। वक़्त की लहरों के इसी उतार चढ़ाव में खुद को 'फ़लक तक' उठाना ही ज़िंदगी है। इस अंजाने, टेढ़े-मेढ़े सफ़र पर गिरते, संभलते, बिना थमे, बिना रुके चलते जाना ही ज़िंदगी है।

'फ़लक तक' की गज़लें और गीत आपको इसी सफ़र पर ले जाने की कोशिश मात्र है। इसकी हर रचना अपने आप में एक छोटी सी कहानी कहती है जो आपकी ही ज़िंदगी के किसी पन्ने से चुराई हुई हो सकती है। यदि आप इन पन्नों से अपने आप को जोड़ पाये तो मैं समझूँगा कि आपकी और मेरी, दोनों की क़िताब मुक़म्मल हुई।

इस संग्रह की रचनाएँ उसी बेतरतीब तरीक़े से पिरोई गई हैं जैसे ज़िंदगी में एक खुशनुमा पल के फौरन बाद एक ग़मगीन लम्हा आता है और तमाम खुशियों से दूर तन्हाई और ख़ामोशी की दुनियाँ में ले जाता है। और फिर अचानक एक ख़ुशगवार पल हमें दोबारा खुशियों की महफ़िल में वापस ले जाने को आतुर मिलता है।

इससे पहले कि आपको इस बेतरतीबी से कोई दुश्वारी हो, मैं अपनी इस गुस्ताखी के लिए माफ़ी मांग लेना ही बेहतर समझता हूँ।

अब आपकी रज़ामंदी हो तो फिर चलिये मेरे एहसास के साथ इस अजनबी सफ़र पर हक़ीक़त की ज़मीं से ख़्वाबों और ख़यालों के फ़लक तक।

आपके सुझाओं और प्रीतिक्रियाओं की प्रतीक्षा में,

डॉ राजेश गुप्ता
Email: drajeshg@gmail.com
Mobile: +91 9654543344

फ़लक तक (ग़ज़ल)

कहती है ज़िंदगानी, चल साथ अब फ़लक तक
हाथों में लेके मेरे ये हाथ अब फ़लक तक

रुख़ मोड़ दे हवा का यूँ आसमाँ की जानिब
हर आग को बुझा दे बरसात अब फ़लक तक

तू माँग वादियों से जो चाहता है ये दिल
शायद चली ही जाए आवाज़ अब फ़लक तक

उम्मीद-बर निगाहें सोयें न उम्रभर फिर
ख़्वाबों की अपने कर ले परवाज़ अब फ़लक तक

पैरों को अपने हर पल रखना भी है ज़मीं पर
लेकिन हो ज़िंदगी का अंदाज़ अब फ़लक तक

रखना जुबाँ की क़ीमत काग़ज से भी ज़ियादा
देना तो फिर निभाना हर आस अब फ़लक तक

मिट्टी का जिस्म मिट्टी हो जाएगा दुबारा
रह जाए फिर भी तेरा एहसास अब फ़लक तक

मंज़िल तो आसमाँ पर है लाज़मी तुम्हारी
हो तेरे हर सफ़र का आग़ाज़ अब फ़लक तक

रूठी ज़िंदगी (ग़ज़ल)

चलिए रूठी है बहुत ज़ीस्त, मनाया जाए
गुदगुदी करके ज़रा इसको हँसाया जाए

हो ज़रा नींद मयस्सर[1] भी कभी रातों में
चलिए ख़्वाबों से ख़यालों को सजाया जाए

चाँद जिस घर में कई रात से निकला ही नहीं
उनके घर में खुशी का दीप जलाया जाए

बात करने से हर एक बात सुलझ जाती है
आज दुनिया को नई बात सुझाया जाए

वक़्त रुकता नहीं हमारे आने जाने से
ये हक़ीक़त ज़िंदगी को बताया जाए

कौन इंसान से भगवान बना है यारों
चलिए भगवान को इंसान बनाया जाए

जान बसती है मेरी अब भी उसी मिट्टी में
चलिए इस टूटे खिलौने को बचाया जाए

दुश्मनी एक भी लम्हा न टिकेगी 'राजे'
नफ़रतों को भी अगर दिल से लगाया जाए

[1]मयस्सर – उपलब्ध, मिलना

ज़िंदगी का साथ (ग़ज़ल)

साथ अपनी ज़िंदगी का ख़ुद निभाना है मुझे
इस सफ़र पर अब अकेले दूर जाना है मुझे

दास्ताँ पिछले बरस की पूछना मत दोस्तों
भूलना ही याद है, वो भी भुलाना है मुझे

दर्द की आदत लगी है दिल को मेरे इस क़दर
अब मेरी दुखती रगों को ख़ुद दुखाना है मुझे

आँसुओं को भी सिखानी है मुझे ख़ामोशियाँ
और चेहरे पर कोई परदा लगाना है मुझे

तू नज़र के सामने होकर नज़र से दूर है
साथ तेरे उम्र अब यूँ ही बिताना है मुझे

दर्द, ख़ुशियाँ, आरज़ू, तन्हाईयाँ, महरूमियाँ
जो दिया है ज़िंदगी ने सब लुटाना है मुझे

मिल भी जाए वो अगर फिर ज़िंदगी के मोड़ पर
अजनबी जैसा ही उनसे पेश आना है मुझे

पूछ लें वो हाल मेरा दफ़्फ़तन महफ़िल में जब
मुस्कुराकर हाले-दिल अपना छुपाना है मुझे

तलाश (ग़ज़ल)

अपने ही घर में रोज़ कोई घर तलाशता है
मंज़िल से दूर रोज़ एक सफ़र तलाशता है

सौदे में ज़िंदगी के ज़िंदगी से हारकर
एक शख़्स अब वजूद दर-बदर तलाशता है

फिर डूबने का शौक़ लेके एक नाख़ुदा
दिल में दबे तुफ़ान की लहर तलाशता है

हर रात जागता है ज़िंदगी की धूप में
और सुब्ह के सफ़ों में एक ख़बर तलाशता है

अब मयक़दे से मयक़दे तलक वो रातभर
एक दर्द के लिए कोई ज़हर तलाशता है

ख़ामोशियों से दिल की बात कर सके कभी
अपनी ग़ज़ल में ही कोई नज़र तलाशता है

सदियों तलक सुकून की हो नींद आँख में
वो एक रात ऐसी बे-सहर तलाशता है

ना ख़्वाब, ना ख्याल, ना ही आरज़ू कोई
उम्मीद कोई आख़िरी मगर तलाशता है

उस दर्द की गली में दफ़्न करके आरज़ू
अब एक अजनबी नया शहर तलाशता है

मुमकिन है जो दुआओं में लगा है रातदिन
अब ऐतबार में कोई असर तलाशता है

किरदार में तवील दास्तान हो मगर
वो एक दास्तान मुख़्तसर तलाशता है

है मौत भी क़बूल ज़िंदगी के दर्द से
हर साँस में सुकून इस क़दर तलाशता है

कुछ हुआ नहीं (ग़ज़ल)

जो कुछ भी है, नसीब है, जो था वो मेरा था नहीं
जो होगा, कैसा होगा वो, मुझको ये कुछ पता नहीं

कल जानकर करूँगा क्या जो होगा देखा जाएगा
मेरा हुआ तो ठीक है वरना वो बुत ख़ुदा नहीं

थी आहटें हवाओं की या दिल की तेरी धड़कनें
तुमने न जाने क्या सुना, मैंने तो कुछ कहा नहीं

वो धूप थी ये छाँव है, सुख-दुख कोई पड़ाव है
ये सिलसिला पुराना है, इसमें तो कुछ नया नहीं

है दो दिलों का मेल सब, है धड़कनों का खेल सब
है दिल अगर तो दर्द है जिसकी कोई दवा नहीं

जब वक़्त जाने का हुआ तो उनसे मशवरा मिला
जो हो गया वो भूल जा, जैसे कि कुछ हुआ नहीं

[1]तबीब – डॉक्टर; [2]सरग़ोशियों – फुसफुसाहट, धीमी आवाज़ में

ज़िंदगी की शर्तें

एक के बाद एक पर्तें हैं
ज़िंदगी की हज़ार शर्तें हैं

यूँ ही बदनाम हो गई दुनिया
सबके चेहरे पे और चेहरे हैं

लम्हा लम्हा जो सबका हिस्सा था
मैंने तुमपर ही सारे ख़र्चे हैं

एक फ़ितरत है एक मुहब्बत है
और इंसानियत के दर्जे हैं

जब तेरा नाम जुड़ गया मुझसे
क्या कहूँ कैसे कैसे चर्चे हैं

जब लिखे थे तो ख़त में थे आँसू
उड़ गये जो हवा के पुर्ज़े हैं

कोई क़ीमत नहीं ज़ुबाँ की अब
दस्तख़त, फाइलें हैं, पर्चे हैं

सबको गिन-गिन के ही मिली साँसें
उम्र पर ज़िंदगी के कर्ज़े हैं

दिल फ़रिश्ता चल (ग़ज़ल)

रात बाक़ी है अभी ऐ ग़म मेरे आहिस्ता चल
भूलकर ये दीनो-दुनिया, बे-सबब बे-रिश्ता चल

मंज़िलों का नाम धोखा, कामयाबी है भरम
बनके राही रास्तों पर, रात-दिन तू चलता चल

जो भी होना है वो होगा, कल किसे मालूम है
बनके ख़ुद मंज़िल तू अपनी, बनके अपना रस्ता चल

क़समें वादे रिश्ते सारे, कहने की बातें हैं सब
ज़िंदगी में प्यार बनके, प्यार के वाबस्ता[1] चल

कौन किसका है मसीहा, ज़िंदगी की गर्त में
थामके तू साँस अपनी, बन पतंग और उड़ता चल

जीतकर भी सारी दुनिया, हारना है एक दिन
बस तू ख़ुद अपनी नज़र के हौसलों में उठता चल

क्यों कोई भी हो तमन्ना, छूटना है सब यहीं
छोड़ दे तू हर कहानी, रूह में नाविश्ता[2] चल

कौन कितना क़ीमती है, मौत ही बतलाएगी
मोल तेरा पूछे दुनिया होके इतना सस्ता चल

[1]वाबस्ता – जुड़ा हुआ; [2]नाविश्ता – लिखा हुआ;

फ़लक तक | डॉ राजेश गुप्ता 'राजे'

बेरहम दिन (ग़ज़ल)

मिला था आज का दिन बेरहम, नाराज़ सा गुज़रा
कहीं से साथ ले आया था ग़म, नासाज़ सा गुज़रा

तड़पता रह गया उस एक पल के वास्ते ये दिन
खुशी के बिन ही आख़िर बेसबब बेज़ार सा गुज़रा

यूँ ही ख़ामोशियाँ में आ गई एक धुन पुरानी सी
मेरी यादों में कोई अजनबी अंदाज़ सा गुज़रा

संभाला था बहुत मैंने बिखर के रह गया लेकिन
ख़याल उसका मेरे ऊपर कुछ ऐसे गाज़ सा गुज़रा

गिरा इक आसमाँ दिल पर हुआ एक ज़ख़्म गहरा सा
हक़ीक़त ओढ़ के एक कारवाँ परवाज़ सा गुज़रा

कोई रिश्ता हो जैसे दर्द का उनकी निगाहों से
उन्हें देखा तो कोई मरहमी एहसास सा गुज़रा

भुलाने का इरादा कर लिया था ख़्वाब ने लेकिन
अचानक ख़्वाब में चेहरा तड़पते प्यास सा गुज़रा

लगा जब भी कि आख़िर ख़त्म होने ही लगा है सब
कहीं से फिर पुराना ग़म नये आग़ाज़ सा गुज़रा

कम्बख़्त मिलेगा (ग़ज़ल)

कभी तो वो कम्बख़्त मिलेगा
मेरे लिए जब वक़्त मिलेगा

बना है शीशे का मेरा दिल भी
पता है पत्थर सख़्त मिलेगा

अभी है आईने में उदासी
कभी तो मेरा अक़्स मिलेगा

जिसे ख़ुदा माना मेरे दिल नें
न जाने कब वो शख़्स मिलेगा

उफ़ुक[1] गिराता है ये शरारे
सुना है सबको ज़ख्म मिलेगा

ये दर्द बढ़ता ही जा रहा है
है रोना, थोड़ा अश्क़ मिलेगा?

अभी तो ग़म है मेरा मुक़द्दर
कभी तो इसमे फ़र्क़ मिलेगा

किया है दिल ये तेरे हवाले
न और कुछ तो दर्द मिलेगा

[1]उफ़ुक – आसमान

फ़लक तक | डॉ राजेश गुप्ता 'राजे'

अभी गिरा हूँ ज़मीं पे घायल
कभी मुझे भी अर्श मिलेगा

अभी बहुत है ग़म-ए-तमन्ना
कहीं तो वो कम्बख़्त मिलेगा

बेनाम ख़त

ना नाम ही था ख़त पर, ना कोई पता था
शायद किसी ने दिल से एक दिल को लिखा था

लिक्खा था मिलेंगे हम अब चाँद के उस पार
राही ने मसाफ़त से मंज़िल को लिखा था

आओ कि मेरे दिल पर छाई है उदासी
तन्हाईयों ने शायद महफ़िल को लिखा था

कैसे मैं कहूँ उनसे, कितनी है मुहब्बत?
एक बेकली ने अपनी मुश्किल को लिखा था

उम्मीद ही पे चलता है सारा ज़माना
हिजरत ने किसी नज़रे-काबिल को लिखा था

इस दर्द के दरिया से रहना तू संभल कर
तूफ़ान-ए-मुहब्बत ने साहिल को लिखा था

तुझपर मरे तो देखा जन्नत का नज़ारा
एक इश्क़ ने ही अपने क़ातिल को लिखा था

निकलेगा यहीं तेरी उल्फ़त का जनाज़ा
पत्थर ने मुहब्बत के जाहिल को लिखा था

एक बार गया मैं तो वापस न मिलूँगा
जाते हुए लम्हों ने काहिल को लिखा था

है वक़्त अगर ज़ालिम, है वक़्त ही मरहम
इक ज़ख़्म ने बा-हाल-ए-बिस्मिल[1] को लिखा था

[1]बा-हाल-ए-बिस्मिल – मरीज़ के हाल के लिए

शैलेश (ग़ज़ल)

तेरे घर जब भी जाता हूँ कमी तेरी सताती है
हर एक दीवार ग़म की दास्ताँ रोकर सुनाती है

कहाँ तक ज़िंदगी का बोझ ले पाएंगे ये काँधे
गुज़रती उम्र में भी ज़िंदगी क्यूँ आज़माती है?

अगर आहट हुई तो चौंक जाती है नज़र उनकी
मगर हर बार ही मायूसियों में लौट आती है

न जाने कौन सी उम्मीद पर साँसें नही रुकती
न जाने कौन सी आदत है जो जीना सिखाती है

हुई हैं दफ़्न सारी ख़्वाहिशें तेरे तसव्वुर में
ख़ुशी इक अजनबी की शक़्ल लेकर मुँह चिढ़ाती है

यक़ीं इतना है कि तुम हो यहीं पर बोल दोगे अब
मगर कुछ है जो तुमको बोलते ही चुप कराती है

भरोसा ज़िंदगी का कुछ नहीं तो किस भरोसे पर
हमारी जागती आँखों को थक कर नींद आती है

तुम्हें ही याद करते हैं, तुम्हारी बात करते हैं
लिये आँखों में आँसू ज़िंदगानी मुस्कुराती है

आपकी बात (ग़ज़ल)

आपकी बात आप जाने हैं
हम तो बस आपके दिवाने हैं

आप समझे नहीं हमें तो क्या
हम कहाँ आपके पुराने हैं

बारहा आप ज़िंदगी की तरह
जाने क्यूँ रूठ के ही माने हैं

बन नहीं पाई दास्ताँ अपनी
वरना अपने कई फ़साने हैं

आप कहते नहीं हमें अपना
इस वजह से ही हम बेगाने हैं

थोड़ी फुर्सत मिले तो मिल लीजै
दिल के हालात कुछ बताने हैं

आप हैं दोस्तों के बीच कहीं
मुझको रिश्ते कई निभाने हैं

आप दफ़्नाइये मेरी यादें
मुझको भी ख़त कई जलाने हैं

चच्चा (ग़ज़ल)

किसे ख़बर, किसे पता कहाँ चले गये हो तुम
पर इस जहाँ से दूर कितने दूर लग रहे हो तुम

ख़ुदा के घर की रोशनी तो बढ़ गई तुम्हारे संग
चमकते आसमान का सितारा बन गये हो तुम

यक़ीन है कि आज भी मैं हूँ उसी अमान में
भटकते रास्तों को अब इशारा कर रहे हो तुम

बिना रुके बिना थके चले थे रोज़ उम्रभर
मुझे भी अपनी राह पर लगा के ही गये हो तुम

मुसीबतें तो सैकड़ों ही आईं और चली गईं
पता है उनकी हार देख मुस्कुरा रहे हो तुम

मैं सोचता हूँ याद कर लिया करूँ कभी-कभी
मगर मेरे ख़याल से जुदा ही कब हुए हो तुम

नज़ारा (ग़ज़ल)

जीने की आरज़ू थी, मरना न था गवारा
मर मर के रोज़ अपना होता रहा गुज़ारा

मैं हो गया उसी का, जो रह गया है मुझमें
ये और बात है कि वो अब नहीं हमारा

कल तक तेरी मुहब्बत ही मेरी ज़िंदगी थी
अब तेरा ही तसव्वुर जीने का है सहारा

जो कह रही थी दुनिया मैं भी यक़ीन करता
जाते हुए अगर तू करता कोई इशारा

चैन-ओ-सुकून मेरे सब हो गए पराये
अब दर्द ही बचा है सो है वो जाँ से प्यारा

तन्हाईयों ने मुझको देखा नहीं पलट के
ख़ामोशियों को मैंने कितनी दफ़ा पुकारा

ऐ चाँद, आसमाँ से तू देख तो ज़मीं पर
बिखरा हुआ है तेरा टूटा हुआ सितारा

है इक तरफ़ समुंदर तो इक तरफ़ है सहरा
मैं देखता हूँ हँस के कुदरत तेरा नज़ारा

दर्द की रेत (ग़ज़ल)

दर्द में दिल से अगर आह निकल जाती है
फिर वही चीख़ ही आँसू में बदल जाती है

सिर्फ़ गिरना ही मुक़द्दर नहीं है ठोकर का
एक ठोकर से कभी राह संभल जाती है

दर्द के फूल भी चुपचाप खिले हैं जैसे
रात ख़ामोश ही सीने में पिघल जाती है

इक दफ़ा दर्द लगे ज़िंदगी की परछाई
इक दफ़ा मौत के साये पे शक़्ल जाती है

ज़िंदगी साथ तो चलती है हमारे हर दम
अपने मतलब से मगर राह बदल जाती है

आँसुओं ही ने संभाली है ये दुनिया वरना
रेत सूखी हो तो हाथों से फ़िसल जाती है

सजदा

तेरा हो जाऊँ मैं यारब तू सजदे में जबीं कर दे
मुझे एक तू नज़र आए, ज़माना अजनबी कर दे

रहे तुझ पर भरोसा भी, रहे तुझसे वफ़ादारी
न आऊँ होश में अब मैं तू ऐसी बेख़ुदी कर दे

मुबारक हो उन्हें जन्नत, मिला हो आसमां जिनको
मुझे अपनी ज़मीं का, ऐ खुदा, इंसां अभी कर दे

कहीं ग़म की शिक़ायत है, कहीं ग़म की दुहाई भी
दुआ सुन ले मेरे मालिक जो बिगड़ा है सही कर दे

मिला जो कुछ मिला तुझसे, जो है तेरे क़रम से है
मिलाकर ग़म में कुछ खुशियाँ बराबर ज़िंदगी कर दे

ख़िलाफ़त हो अगर तेरी तो सुन लेना उसे भी तू
रिहा करके मुझे इस क़ैद से एहसां कभी कर दे

फ़लक तक | डॉ राजेश गुप्ता 'राजे'

मसरूफ़ दोस्ती (ग़ज़ल)

ज़िंदगी से आजकल मिलना नहीं होता मेरा
रात में सोता हूँ अब जगना नहीं होता मेरा

दोस्ती मसरूफ़ियत में यूँ हुई तब्दील अब
साथ होकर साथ में चलना नहीं होता मेरा

ज़िंदगी को वक़्त से महरूम रक्खा उम्रभर
अब मिला है वक़्त तो हँसना नहीं होता मेरा

दो दिलों के दरमियाँ, दूरी बढ़ी कुछ इस क़दर
अब तक़ल्लुफ़ में भी कुछ कहना नहीं होता मेरा

वो अगर नाराज़ भी होती, मना लेता उसे
बेवजह उसकी तरह रुसना नहीं होता मेरा

उसने मुझको देख कर अपनी निगाहें फेर ली
वरना यूँ महफ़िल से तो उठना नहीं होता मेरा

आईने में भी नज़र आती है मेरी दिलरुबा
ख़ुद निगाहों में कभी जंचना नहीं होता मेरा

वो नहीं होती मगर दिखती है मुझको हर तरफ़
प्यार ना करता तो यूँ मरना नहीं होता मेरा

परवाह

हमराज़ ना रहा तो रुसवा भी ना किया
इन दूरियों का मैंने शिकवा भी ना किया

कुछ तो नज़र से जादू करके चला गया
हम क़ैद भी हुये और अगवा भी ना किया

अंदाज़ मुख़्तलिफ़ है तारीफ़ का मेरे
खामोश ना रहा हो तो फ़िकरा भी ना कसा

कुछ इस तरह सुनाया ज़िल्लत की दास्ताँ
दिल भी नहीं छुआ तो कड़वा भी ना लगा

अंधियारों से परेशां थी रात अंजुमन
शम्मा भी ना जली और चेहरा भी ना दिखा

था इंतज़ार महफ़िल को चाँद का मगर
दीदार ना हुआ और जलवा भी ना दिखा

मैं इश्क़ का मुसाफ़िर वो हुस्न का नगर
हम बे-दख़ल हुये और फ़तवा भी ना हुआ

उल्फ़त के दुश्मनों नें कोशिश तो की बहुत
बे-ख़ौफ़ तो रहे ही, परवाह भी ना किया

इंतिहा हो गई (ग़ज़ल)

इंतिहा फिर मेरी इब्तिदा हो गई
और मंज़िल मेरी, रास्ता हो गई

एक साया मेरे साथ ही रह गया
मेरी तन्हाई की इंतिहा हो गई

फ़ासलों ने किया फ़ैसला प्यार का
उनसे नज़दीकियाँ ग़म-ज़दा हो गई

क्या ग़लत क्या सही सोचते रह गये
सोचना इस क़दर इक ख़ता हो गई

ख़ामुशी में रही इंतहा प्यार की
लफ़्ज़ एक बोलना ही सज़ा हो गई

वक़्त पे आके करता रहा इंतज़ार
ज़िंदगी इस तरह बेवफ़ा हो गई

ज़िंदगी जंग है, हार में, जीत में
ज़िंदगी मौत की इक अदा हो गई

मैं ख़फ़ा तो न था, वो मनाता नहीं
आशिक़ी बेवजह बेवफ़ा हो गई

आई तेरी याद बहुत (ग़ज़ल)

आज फिर आई तेरी याद बहुत
आज फिर मैंने पी शराब बहुत

रोज़ इस दिल की बादशाही ने
मेरी दुनिया किया तबाह बहुत

मुझको पीने के बाद शहनाई
जाने लगती है क्यूँ ख़राब बहुत

मेरा पीना, तेरा नज़र आना
रोज़ होता है एक साथ बहुत

बस मुझे प्यार ही नहीं करते
यूँ तो रखते हैं वो ख़याल बहुत

कैसे करता वो फ़ैसला दिल से
सबसे करता रहा सलाह बहुत

ऐ ज़िंदगी (ग़ज़ल)

ज़िंदगी बात मेरी मान भी ले
तेरा दमसाज़ हूँ पहचान भी ले

माना साँसें भी चुकानी है मुझे
कुछ तो जी लेने का एहसान भी ले

एक दो पल का सुकूं दे मुझको
चाहे बदले में मेरी जान भी ले

तूने नज़्में तो कई लिखवाई
तू मेरे नाम से उन्वान भी ले

क्यूँ बहाने से मुझे टाले है?
मुझसे मिलने की कभी ठान भी ले

दर्द से जान ही लेना है अगर
मेरे होंठों से ये मुस्कान भी ले

मुझको पीना है किसी दिन छुपकर
मुझसे एक दिन मेरा ईमान भी ले

या दुआ कर कभी मेरी ख़ातिर
या मेरे दिल से ये अरमान भी ले

ज़िंदगी के क़रम (ग़ज़ल)

मुझे ज़िंदगी ने सताया नहीं
मगर मैं कभी मुस्कुराया नहीं

किया ज़िंदगी से मुहब्बत बहुत
मुझे और कुछ करना आया नहीं

मुझे हर ख़ुशी ज़िंदगी से मिली
कभी आइने ने हँसाया नहीं

तेरे दर्द से इसलिए प्यार है
किसी और ने हक़ जताया नहीं

नये ख़्वाब देती रही ज़िंदगी
किसी रात तन्हा सुलाया नहीं

मुझे हो तेरे आँसुओं से गिला
कभी तूने इतना रुलाया नहीं

तेरी ठोकरों ने दिये हैं सबक
किसी ने यूँ जीना सिखाया नहीं

किसी ने हराकर तुम्हारी तरह
कभी भी फ़लक तक उठाया नहीं

अगर कुछ देर से जाते

नज़र ना फेर के जाते तो जाने क्या चला जाता
अगर कुछ देर से जाते तो जाने क्या चला जाता

अभी पूरे ही होने थे कई अरमान मेरे भी
अगर तुम देखते जाते तो जाने क्या चला जाता

अब इतनी दूर हो कि तुम नज़र आते नहीं हमको
पता ही छोड़ के जाते तो जाने क्या चला जाता

चलो माना कि कुदरत का यही क़ानून है लेकिन
इसे तुम तोड़ के जाते तो जाने क्या चला जाता

तुम्हारे बाद कुछ मेहमान आयें हैं घरोंदे में
अगर मिलकर चले जाते तो जाने क्या चला जाता

किताबें लिख रहा हूँ जो वहाँ अच्छा बुरा है क्या
ये बतलाते हुये जाते तो जाने क्या चला जाता

कमी अब तक अखरती है तुम्हारी, एक पल को ही
कभी तुम लौट के आते तो जाने क्या चला जाता

जो आता है वो जाने के लिया आता है दुनिया में
तुम आने के लिए जाते तो जाने क्या चला जाता

वक़्त और मैं (ग़ज़ल)

एक काम कर रहा हूँ मैं, एक काम तू भी कर
आराम कर रहा हूँ मैं, आराम तू भी कर

तुझसे तो रब्त मेरा मुहब्बत का है मगर
रुसवा किया है मैंने तो बदनाम तू भी कर

ऐ वक़्त, हम-क़दम है तेरा मेरा ये सफ़र
मैं जी रहा हूँ, मौत को नाकाम तू भी कर

एक दूसरे के राज़ दिलों में छुपे हैं जो
वो बात कर रहा हूँ सरे-आम, तू भी कर

है ख़्वाब इक निगाहों में नाज़ुक सा काँच का
मैं आज कर रहा हूँ तेरे नाम, तू भी कर

दिन रात चल रहा है तू, दिन रात मैं चला
अब थक के ढल रहा हूँ मैं, अब शाम तू भी कर

जा रहा हूँ मैं (ग़ज़ल)

तुम वो ही देखते हो जो दिखा रहा हूँ मैं
जितना ज़रूरी है तुम्हें बता रहा हूँ मैं

मैं हर किसी पे वक़्त कर रहा था रायगाँ
अब रोज़ अपनी ज़िंदगी बना रहा हूँ मैं

आँखों के आँसुओं को मेरा ग़म समझ लिया?
होंठो को देख, कैसा मुस्कुरा रहा हूँ मैं

परछाईयाँ अभी भी मेरे साथ हैं यहीं
वादा किया था जो वही निभा रहा हूँ मैं

लहरों के जैसे मेरा कुछ उधार है नहीं
जिससे मिला था जो भी देके जा रहा हूँ मैं

जो भी हुआ ख़ुदा की मर्ज़ियों में था शुमार
अब उसको उसकी ग़लतियाँ गिना रहा हूँ मैं

ये साल, दिन, महीनें, तो गिना नहीं कभी
पर वक़्त का हिसाब करके जा रहा हूँ मैं

जितनी बिक्री ये ज़िंदगी, नफ़स ख़रीद ली
जो बच गई है साथ लेके जा रहा हूँ मैं

ऐहतराम चाहिए (ग़ज़ल)

इस जंग के सफ़र में एक मुक़ाम चाहिए
गर हार भी मिले तो ऐहतराम चाहिए

मुझको वफ़ा की राह में ज़फ़ा ने दी सज़ा
अब मुझको पत्थरों से इंतेक़ाम चाहिए

ईमान लेके मैं भी बैठता हूँ बेचने
बाज़ार से मुझे भी ठीक दाम चाहिए

किस्तों में मर न जाएँ रोज़-रोज़ हम यूँ ही
अब ज़िंदगी से मुझको ग़म तमाम चाहिए

छत पर बुला रहे हो तुम तो धूप में मुझे
इक चाँद देखने का इंतज़ाम चाहिए

अपनों के प्यार पर कोई भरोसा ही नहीं
ग़ैरों से उनको रोज़ इक सलाम चाहिए

दिल रोज़ ही धड़क रहा है रात क्या सहर
एक दिन इसे भी थोड़ा सा क़याम चाहिए

जायज़ वही है रिश्ता जिसका नाम हो कोई
बदनाम होके इश्क़ को भी नाम चाहिए

कुछ इस क़दर मैं प्यार के नशे में चूर हूँ
अब होश आने को भी एक जाम चाहिए

ले आओ बैंड-बाजा, भीड़-भाड़ कुछ करो
निकला मेरा जुलूस, तामझाम चाहिए

जीना सिखाते फूल

रंगत-ए-गुल से कभी धोखा न खाया कीजिये
है ये बस चेहरा ज़माने को दिखाने के लिए

फूल कीचड़ में खिले, या बाग़ की दुनिया मिले
हर जगह खुशबू है दुनिया को लुभाने के लिए

ज़िंदगी में जो बिछड़ जाएँ, अगर मौक़ा मिले
तो मिलें फिर से उन्हें अपना बनाने के लिए

गुल पे जो शबनम के मोती देखते हो हर सुबह
रात रोती है अंधेरों को मिटाने के लिए

टूट के डाली से भी हँसते रहे हैं फूल सब
ये बची खुशियाँ भी औरों पर लुटाने के लिए

गुल किसी की बेवफ़ाई का गिला करते नहीं
एक कुदरत से किया वादा निभाने के लिए

हर दफ़ा एक दोस्त की तरह ही पेश आते हैं वो
दुश्मनों को प्यार से जीना सिखाने के लिए

काश हर इंसान की फ़ितरत भी होती फूल सी
इस ज़मीं को भी कोई जन्नत बनाने के लिए

जागती रात (ग़ज़ल)

अजनबी बारिश कोई हर दिन भिगाती है मुझे
रात जब भी ख़्वाब की दुनिया दिखाती है मुझे

नींद थोड़ी देर तक, करती है मेरा इंतज़ार
और सारी रात फिर अक्सर जगाती है मुझे

दफ़्न माज़ी से निकल कर वक़्त को थामे हुये
आपकी ही याद जाने क्यूँ सताती है मुझे

भूल जाता मैं तुम्हें लेकिन मेरी मुश्किल ये है
हर घड़ी, हर पल तुम्हारी याद आती है मुझे

रात सारी राख के नीचे सुलगती रह गई
दिन में कोई आग सारा दिन जलाती है मुझे

धड़कनों ने रात भर बदली हैं केवल करवटें
जब कोई आवाज़ आकर आज़माती है मुझे

जिन ख़यालों से निकलकर भागती है ज़िंदगी
ढूँढकर फिर से वही वापस बुलाती है मुझे

मुद्दतों से बात तक ना हो सकी जिस शक़्ल से
आज भी तस्वीर अपनी ही बनाती है मुझे

मैं मरा नहीं हूँ (ग़ज़ल)

हिल गया हूँ मैं थोड़ा पर गिरा नहीं हूँ मैं
ज़िंदगी है सहमी सी पर डरा नहीं हूँ मैं

राह पर मिले पत्थर, शूल हर क़दम पे हैं
थक गया हूँ लेकिन अब तक रुका नहीं हूँ मैं

देखकर ये तस्वीरें धोखे में न आ जाना
शम्मा का दिवाना हूँ, सर-फ़िरा नहीं हूँ मैं

वाइज़ों मुझे तुम अपनी तरह तो मत समझो
कहता हूँ हक़ीक़त मैं, मशवरा नहीं हूँ मैं

आज पहली बारिश में रंग धुल गया मेरा
सोने सा चमकता हूँ पर ख़रा नहीं हूँ मैं

इक दफ़ा किया होता तुमने गर यक़ीं मुझपे
तो यक़ीन हो जाता बेवफ़ा नहीं हूँ मैं

है वहीं मेरी दुनिया, हो जहाँ पे तू हासिल
इस तलाश का लेकिन दायरा नहीं हूँ मैं

माना धड़कनें मेरी थम गई हैं एक पल को
मिट गया मुहब्बत में पर मरा नहीं हूँ मैं

भुला ही दिया है (ग़ज़ल)

आँखों नें मुस्कुराना भुला ही दिया है अब
ख़ुशियों का हर तराना भुला ही दिया है अब

हम याद करके याद कहाँ तक करें तुम्हें
तुमने तो याद आना भुला ही दिया है अब

वो घर के रास्ते तो कभी का भुला चुके
ख़्वाबों का आना-जाना भुला ही दिया है अब

दिल पर न जाने चोट कहाँ से लगी उन्हें
कि प्यार तक जताना भुला ही दिया है अब

कुछ दर्द यूँ मिलें हैं ज़माने की भीड़ में
हमको गले लगाना भुला ही दिया है अब

तन्हाईयों की कैसी ये आदत लगी उन्हें
ख़ुद के क़रीब आना भुला ही दिया है अब

लगते हैं अजनबी से सभी उनके यार दोस्त
रिश्ता मेरा पुराना भुला ही दिया है अब

अश्क़ों की अब निगाह में कोई जगह नहीं
अपनों से चोट खाना भुला ही दिया है अब

रह-रह के ढूँढ़ता हूँ मैं फ़ुर्सत की सुबह-शाम
वो इश्क़ का ज़माना भुला ही दिया है अब

अपनी ही ग़लतियों पे ख़फ़ा हो गया है दिल
तुमने भी मुस्कुराना भुला ही दिया है अब

अपना लिया है मयक़दे ने प्यार से मुझे
दुनिया का हर ठिकाना भुला ही दिया है अब

मैंने ख़ुदा के नाम इबादत किया मगर
सजदों में सर झुकाना भुला ही दिया है अब

एक शहर

ग़ैब के पार एक शहर भी कहीं है शायद
दर्द की रात का सहर भी वहीं है शायद

लोग दिखते नहीं वहाँ के, ज़मीं से हमको
हमसे वो लोग बा-ख़बर भी नहीं है शायद

न कोई फ़िक्र है, न कोई तमन्ना उनकी
ज़िंदगी उनकी बे-सबर भी नहीं है शायद

ख़ूबसूरत है वो नगर, ये सभी कहते हैं
मुस्कुराने में कुछ कसर भी नहीं है शायद

दिल तड़पता है मेरा रोज़ वहीं जाने को
ज़िंदगी जीने का हुनर भी वहीं है शायद

कोई लौटा नहीं है जाके वहाँ से अब तक
उसके आगे कोई सफ़र भी नहीं है शायद

कैसे? (ग़ज़ल)

उनको अपने पास बुलाएं तो कैसे?
दूर से दिल का हाल बताएं तो कैसे?

उनकी यादों से अक्सर पूछा मैंने
उनको अपनी याद दिलाएं तो कैसे?

बाहर भी बारिश का मौसम है हर-सू
अपने दिल की आग बुझाएं तो कैसे?

हम तो ख़ुद भी उलझे हैं इस मसले में
अपना मसला ख़ुद सुलझाएं तो कैसे?

मुझको अपना कहने की मजबूरी थी
वो मजबूरी को अपनाएं तो कैसे?

अपनों को समझाना इतना मुश्किल था
ग़ैरों को जज़्बात दिखाएं तो कैसे?

ख़्वाबों में भी आना जाना छोड़ दिया
उनको दिल के ख़्वाब दिखाएं तो कैसे?

अब तक ज़िंदा हूँ उनकी उम्मीद लिए
उनको ये एहसास दिलाएं तो कैसे?

फ़लक तक | डॉ राजेश गुप्ता 'राजे'

मरने की सज़ा (ग़ज़ल)

मरने की सज़ा देकर दो घड़ी तो मोहलत दे
ज़िंदगी तू एक दिन तो ज़िंदगी में फुर्सत दे

फ़ासले क़रीब आएँ, ना रहे तक़ल्लुफ़ भी
फुर्क़तों में थोड़ी सी, बे-क़रार क़ुर्बत दे

मिल रहे हैं राहों में, अजनबी के जैसे हम
ज़िंदगी से मिलने की, थोड़ी सी ज़रूरत दे

ख़्वाहिशें बड़ी हैं पर कम नहीं हैं उम्मीदें
हो सके मुक़म्मल जो ऐसी एक हसरत दे

हाल पर हमारे इल्ज़ाम ही लगाती है
ज़िंदगी तू एक बारी ख़ुद को भी तो तोहमत दे

काँटे ही बिछाती है राह पर हमेशा क्यूँ
तू कभी-कभी मेरे रास्तों को मक़सद दे

सख़्त रह गया पत्थर तो बिखरना है लाज़िम
दिल को दर्द सहने की थोड़ी सी नज़ाक़त दे

तेरा वक़्त जब मर्ज़ी, आए और चला जाए
एक दफ़ा ठहरने की दो घड़ी इजाज़त दे

शेरनी

मुझपर गिराई बिजलियाँ परवर-दिग़ार ने
मुझमें कहीं जब उनको कोई भक्त ना मिला

करनी थी मुझको जंग ज़माने से एक दिन
पर उनकी सल्तनत में कोई मर्द ना मिला

उसके हर इक इशारे पे रोका था मैंनें वक़्त
और मेरे वास्ते ही उसे वक़्त ना मिला

करनी थी एक बार शिक़ायत जहान की
पर ढूँढ़ने से भी मुझे कम्बख़्त ना मिला

भेजा मेरे शिकार की ख़ातिर शिकारी जो
सीने में उसके भी तो जिगर सख़्त ना मिला

जब सामने पड़ा वो सवालों के तीर के
बचने को कोई ताज कोई तख़्त ना मिला

ज़िल्लत भरा पुलिंदा थमाकर वो खुश हुआ
पर उसको मेरा हौसला ही पस्त ना मिला

तैयार हूँ मैं पंख में परवाज़ इक लिए
मुद्दत हुई है ज़िंदगी का लुत्फ़ ना मिला

दर्द (ग़ज़ल)

किसी को फ़र्क़ क्या है, कौन किसको याद करता है
बिना मतलब के कौन आख़िर समय बर्बाद करता है

शजर हो नौ-जवाँ तो ख़ूब जमती है वहाँ महफ़िल
कि सूखा पेड़ आँगन को कहाँ आबाद करता है

खुले है ज़ख़्म भी यादों के धागे से बिना चाहे
वो आकर यूँ भी अक्सर दिल मेरा नाशाद करता है

कोई एक ग़म हज़ारों दर्द पर भारी पड़ा अक्सर
ख़ुशी की जो हमेशा ही बड़ी तादाद करता है

दुआओं का, दवाओं का असर होता नहीं लेकिन
मिले जिसको ये दर्द-ए-ख़ास, कब फ़रियाद करता है

उमरभर साथ रहता है, फिर अपने साथ जाता है
ये दर्द-ए-ज़िंदगी आख़िर, किसे आज़ाद करता है

बेजोड़ दर्द (ग़ज़ल)

फिर ग़मों से रिश्ता मैं आज जोड़ आया हूँ
दरमियाँ था मयख़ाना, वो भी छोड़ आया हूँ

लोग ये समझते थे, दिल किसी ने तोड़ा है
उनको क्या पता किसका दिल मैं तोड़ आया हूँ

चल पड़ी है ये दुनिया, चाँद की तरफ़ जबसे
रुख़ हवा का पश्चिम की ओर मोड़ आया हूँ

आसपास वैसे तो लोग हैं बहुत मेरे
मैं ज़माने से लेकिन रिश्ता तोड़ आया हूँ

बेवजह वो अश्क़ों की आस लेके बैठे थे
जबकि घर पे आँखों को मैं निचोड़ आया हूँ

वक़्त तेरे ज़ख़्मों ने इस क़दर किया घायल
अब तेरे हवाले मैं जिस्म छोड़ आया हूँ

सौ दुहाई के बदले, एक रिहाई लेकर मैं
ज़िंदगी की हस्ती को फिर झंझोड़ आया हूँ

ज़िंदगी के सारे ग़म हैं इनायतें जिसकी
उस खुदा की मर्ज़ी पे दिल भी छोड़ आया हूँ

शुरुआत तो करो (ग़ज़ल)

बस सोचते ही ना रहो, कुछ बात तो कर लो कभी
सारा जहाँ बोलेगा तुम, शुरूआत तो कर लो कभी

तन्हाईयाँ फिर से कभी, तन्हा नहीं होंगी तेरी
दिल में कहीं महफ़िल कोई आबाद तो कर लो कभी

ख़ुशियाँ तुम्हें मिल जाएँगी हर दर्द की ताबीर में
हँसते हुए थोड़ा सा ग़म, बर्दाश्त तो कर लो कभी

भूले अगर अपना कोई, रोके अगर उसको अना
गर याद हो उसकी तुम्हें, तुम याद तो कर लो कभी

सौंधी सी एक ख़ुशबू कोई ताउम्र होगी साथ में
दिल की ज़मीं पे प्यार की बरसात तो कर लो कभी

तुमसे कभी होगी नहीं फिर वक़्त की नाराज़गी
सुबह को दिन और शाम को तुम रात तो कर लो कभी

बन जाएगा ये रास्ता, मंज़िल से भी ज़्यादा हसीं
तुम इस सफ़र पर हमसफ़र को साथ तो कर लो कभी

हो जाएगी रब से तेरी, फिर गुफ़्तगू दिन रात की
सब भूलकर दिल से मगर फ़रियाद तो कर लो कभी

फ़लक तक | डॉ राजेश गुप्ता 'राजे'

उम्मीद की पहली किरण आएगी फिर तुमको नज़र
बिखरे हुए हालात में दिल शाद तो कर लो कभी

एक ज़िंदगी गुज़री हुई, एक ज़िंदगी आई नहीं
एक ज़िंदगी है जो अभी, सौग़ात तो कर लो कभी

बँट जाने दो, बँट जाने से, दिल की खुशी, बढ़ जाएगी
अपने लिए अपनी खुशी, ख़ैरात तो कर लो कभी

बन जाओगे तुम भी ख़ुदा, देना अगर आ जाएगा
ज़्यादा नहीं थोड़ा सही, जज़्बात तो कर लो कभी

उल्फ़त वही है जाविदाँ, दिल हो गया जिसमें फ़ना
एक बार तुम बेताब दिल, बर्बाद तो कर लो कभी

मरते हुए मर जाओगे, गर इस तरह जीते रहे
जीते हुए अपना जिगर, फौलाद तो कर लो कभी

वफ़ाएं बदल गईं (ग़ज़ल)

एक मोड़ आ गया था कि राहें बदल गईं
नज़रों का फेर था या निगाहें बदल गईं

जाने के पहले सीने से लग जाते एक बार
पर क्या करें जनाब की बाहें बदल गईं

जब साथ थे, तो लोग हमें घूरते रहे
अब दूरियों में उनकी अदाएँ बदल गईं

पहलू में तो हसीन थी ये ज़िंदगी मगर
बदला जो वक़्त उनकी पनाहें बदल गईं

जब इश्क़ था तो दर्द किसी और रंग था
अब हिज्र में दिलों की कराहें बदल गईं

ख़्वाहिश थी सारी उम्र रहें साथ हम मगर
देखी जो असलियत तो दुआएँ बदल गईं

लगने लगा है रोज़ मुलाक़ात पर मुझे
नज़रें वही हैं, उनकी ख़ताएं बदल गईं

अब गुफ़्तगू भी जैसे हुआ है कोई गुनाह
बदला मेरा नसीब, वफ़ाएं बदल गईं

ग़म संभालता हूँ (ग़ज़ल)

कुछ दर्द पालता हूँ कुछ ग़म संभालता हूँ
मैं ज़िंदगी कुछ ऐसी हमदम संभालता हूँ

किस मोड़ पर लगेगी ठोकर किसे पता है
आँखों से चुनके मोती, शबनम संभालता हूँ

उस दूसरे जहाँ की, किसको फ़िकर पड़ी है
ग़म इस जहान में क्या मैं कम संभालता हूँ?

ग़ैरों से करके वादा, मुश्किल हुआ निभाना
जो खुद से कर लिया है हरदम संभालता हूँ

कहता है वो कि मुझसे है बेपनाह उल्फ़त
हर झूठ उसका बनके जानम संभालता हूँ

मैं ख़ूब जानता हूँ, दुनिया तेरी ये फ़ितरत
मैं ज़ख़्म से ज़ियादा, मरहम संभालता हूँ

घिर आई याद जब भी, बहती हैं ये हवाएँ
मैं बंद करके आँखें, मौसम संभालता हूँ

इकलौता है मेरा दिल, और आशिक़ी है मुश्किल
जिस पल मचल गया दिल, उस दम संभालता हूँ

गाता हूँ अपनी ग़ज़लें, बदमस्त होके तन्हा
यूँ बज़्म-ए-आजिज़ी का आलम संभालता हूँ

है मौत भी मयस्सर, जीते जी ज़िंदगी में
मैं ज़िंदगी में अक्सर, मातम संभालता हूँ

यक़ीन मानिये

नीयत नहीं ख़राब,   ये यक़ीन मानिए
हूँ शख़्स लाजवाब,   ये यक़ीन मानिए

क्यूँ टक से घूरते हो यूँ सवाल की तरह
मैं हूँ नहीं जवाब,   ये यक़ीन मानिए

माना नशे में झूमता सा लग रहा हूँ मैं
पीता नहीं जनाब,   ये यक़ीन मानिए

अब आईने से जोड़-तोड़, छोड़िये हुज़ूर
है हुस्न बेहिसाब,   ये यक़ीन मानिए

चेहरे पे सिर्फ़ रोशनी की ही चमक नहीं
कुछ और ही है बात,   ये यक़ीन मानिए

ज़ुल्फ़ों पे भी यक़ीन कीजिए कभी सनम
बेकार है हिजाब,   ये यक़ीन मानिए

एक तेरे नाम और तेरे जाम के सिवा
कुछ भी न इंतिख़ाब,   ये यक़ीन मानिए

ऐ मल्लिका-ए-दिल, ऐ निगाह-ए-आरज़ू
झूठा नहीं ख़िताब, ये यक़ीन मानिए

कुछ और ही समाँ है एक तुम हो एक मैं
सच लग रहा है ख़्वाब, ये यक़ीन मानिए

जब एक नाम तेरा मेरे दिल पे लिख दिया
पूरी हुई किताब, ये यक़ीन मानिए

हम जैसे इस जहाँ में सिर्फ़ पीके जी गए
क़ातिल नहीं शराब, ये यक़ीन मानिए

ये ईद का है जश्न, तुम हो सामने मेरे
पूरा है माहताब, ये यक़ीन मानिए

लोगों को तो ख़ुमार भी बुख़ार सा लगे
सेहत नहीं ख़राब, ये यक़ीन मानिए

क़ातिल थी ज़ुल्फ़ या कि आपकी निगाह थीं
मुझको नहीं है याद, ये यक़ीन मानिए

यूँ ही बरस नहीं रहा है आज आसमाँ
आँखों में है अज़ाब, ये यक़ीन मानिए

खुशबू जो आ रही है आपकी निगाह से
बरसा है फिर गुलाब, ये यक़ीन मानिए

जाऊँ मैं जिस जगह भी देखता हूँ आपको
अब हर तरफ़ हैं आप, ये यक़ीन मानिए

खुद ही में झूमता है, हो गया है खुद नशा
दिल उड़ रहा है आज, ये यक़ीन मानिए

वो रूबरू हों फिर भी हो सके न गुफ़्तगू
है वक़्त का अज़ाब, ये यक़ीन मानिए

होता रहा है अपनी ही तरह से इश्क़ में
हर शख़्स कामयाब, ये यक़ीन मानिए

तन्हाई की रिहाई (ग़ज़ल)

मेरी तन्हाई भी मुझसे रिहाई चाहती है अब
मुहब्बत दर्द से आख़िर जुदाई चाहती है अब

उसे जाने का एक अच्छा बहाना चाहिए होगा
मेरी दुनिया जो मुझसे बेवफ़ाई चाहती है अब

परेशां है वो इश्क़-ए-इंतिहा से किस क़दर सोचो
शनासाई वो मुझसे इब्तिदाई चाहती है अब

कभी लम्हा कोई ख़र्चा नहीं उसने मरासिम पे
वो रिश्ते से मगर पूरी कमाई चाहती है अब

रहे क्यूँ एकतरफ़ा रब्त का अंजाम एकतरफ़ा
गुनाह उसके हैं पर मुझसे सफ़ाई चाहती है अब

जहाँ तन्हाईयों में जिस्म ने सरग़ोशियाँ की थी
उन्हीं दीवारो-दर से वो दुहाई चाहती है अब

हमारी अहमियत समझी है वो हमको गँवाते ही
वो मुझसे फिर पुरानी आशनाई चाहती है अब

किसी का नाम लेकर गिर नहीं सकता निगाहों से
वो मुझसे क्यूँ मगर ये बे-हयाई चाहती है अब

बहुत बेआबरू करके निकाला है मुझे घर से
वो एक दुनिया नई मुझसे पराई चाहती है अब

सुना है मौत ही एक इम्तिहान-ए-इश्क़ है 'राजे'
मेरी जाँ आख़िरी रस्मे-अदाई चाहती है अब

किस बात का गिला है

किस बात से दुखी है, किस बात का गिला है
जो दे रहा हूँ तुझको, तुझसे ही तो मिला है

दुनिया में हर किसी ने ठुकरा दिया है मुझको
मैं जी रहा हूँ फिर भी, ये मेरा हौसला है

माना कि इस सफ़र में पहला क़दम है मेरा
है साथ एक साया जो मेरा काफ़िला है

इस जंग में अकेले लड़ना ही ज़िंदगी है
जब तक है ज़िंदगानी लड़ने का फ़ैसला है

दोनों हुए हैं घायल एक तीर से नज़र की
क्यूँ ढूंढती है दुनिया किसका मु'आमला है

ग़म हो कि या ख़ुशी हो छोटी हो या बड़ी हो
ये धूप छाँव चलना जीवन का सिलसिला है

कल तक तो ख़्वाब सा वो रहता था आरज़ू में
दिल की ज़मीं मिली तो इक फूल सा खिला है

कैसे करूँ भरोसा, देखा न मौत जाना
देखा है ज़िंदगी को जो मौत का क़िला है

बाहों में ज़िंदगी थी कितने हसीन दिन थे
आहों में ज़िंदगी है, बे-दर्द फ़ासला है

शायद निजात पाये अब रूह मौत से ही
है क़ैद में मुहब्बत और ज़िंदगी क़िला है

ये बरस (ग़ज़ल)

इस बरस समय मेरा क्या कमाल सा गुज़रा
हर जवाब ख़ुद ही दिल के सवाल सा गुज़रा

दोस्त कुछ नये आए, साथ थे पुराने भी
जिनके साथ हर लम्हा बेमिसाल सा गुज़रा

महफ़िलें जमी कितनी, रंग किस क़दर बरसे
वक़्त पाँव में जैसे इक उछाल सा गुज़रा

कोशिशें तो की सबने, क्या हुआ अगर मेरा
सुर गया अलग धुन में, राग ताल सा गुज़रा

काम कुछ हुए पूरे, कुछ रहे अधूरे से
फ़ख्र था वो हर लम्हा, जो मलाल सा गुज़रा

थी अमीर ख़ुशियाँ पर उनके छूट जाने का
दर्द रोज़ सीने में, एक ख़याल सा गुज़रा

दिन कटा जुनूँ बनके, रात पुर-सुकूं आई
ख़्वाब रोज़ आँखों में, दिल के हाल सा गुज़रा

कुछ सफ़ों की ये दुनिया, ढल गई किताबों में
एक हसीन साल ऐसा बेमिसाल सा गुज़रा

वो शजर (ग़ज़ल)

छाँव थी शजर की जब, धूप छन के आती थी
बारिशों की बौछारें, प्यार से भिगाती थी

लड़ पड़ी थी आँधी से उसके बाहों की शाखें
बिजलियाँ सदा हमसे दूर जगमगाती थी

दिल रहा था बेफ़िक्रा सिर्फ़ उसके होने से
और सुकूँ के साये में नींद जमके आती थी

उसके दर पे होती थी अपनों से मुलाक़ातें
गुफ़्तगू मुहब्बत की, दर्द लेके जाती थी

उसके काम के क़िस्से, दे गए सबक़ ऐसे
सुन के रूह भी मेरी सनसनी बढ़ाती थी

मिल गए तराने जब सुर से सुर मिले उसके
वरना ज़िंदगी खुद ही अपनी धुन में गाती थी

उसकी ही कमाई थी, रोज़ काम आई थी
वरना ज़िंदगी दौलत रोज़ ही लुटाती थी

जितने दिन जिया है वो, घर में जैसे थी जन्नत
एक था दिया उसका, आठ उसकी बाती थी

गुरूर अभी बाक़ी है (ग़ज़ल)

जाने किस बात का गुरूर अभी बाक़ी है
लुट गये ताज पर हुज़ूर अभी बाक़ी हैं

प्यार से बात कर सके न कभी भी मुझसे
दिल जलाने का हर शऊर अभी बाक़ी है

मेरे हिस्से का भी वो खुद ही गुमाँ करते हैं
उनके ज़ेहन में कुछ फ़ितूर अभी बाक़ी है

अपनी ग़लती का तो गिला भी नहीं है लेकिन
सारी दुनिया के सर क़सूर अभी बाक़ी है

उनके साँसों की सल्तनत तो लुटी जाती है
बस कि आँखों में कोहिनूर अभी बाक़ी है

उनके ज़ख़्मों को तो गिला नहीं कोई मुझसे
उनके होंठो पे कुछ ज़रूर अभी बाक़ी है

इक नशा ज़िंदगी का मौत पे भी भारी है
और उनमें भी ये सुरूर अभी बाक़ी है

जल गये ख़्वाब जल गई है तमन्ना लेकिन
उनके चेहरे पे वो ही नूर अभी बाक़ी है

आँखें (ग़ज़ल)

अचानक चैन पाकर ख़ौफ़ से बिखरी हैं ये आँखें
न जाने किस तरह के दर्द से गुज़री हैं ये आँखें

जब इनको नींद नें उम्मीद से कर ही दिया ख़ाली
तो सूखे अश्क़, रूठे ख़्वाब की गठरी हैं ये आँखें

हवा से हिल गया पर्दा या दरवाज़े पे दस्तक थी
न जाने किसकी आहट के लिए ठहरी हैं ये आँखें

शिक़ायत अनगिनत लिक्खी गई इनकी ख़िलाफ़त में
मगर इल्ज़ाम से हर बार ही मुकरी हैं ये आँखें

किसी नें क़ैद जब भी कर लिया तस्वीर में इनको
तो उस चेहरे से भी ज़्यादा कहीं निखरी हैं ये आँखें

कभी एक बूँद को तरसा हुआ सहरा लगे कोई
कभी दरिया की गहराई से भी गहरी हैं ये आँखें

लगाते है कई आशिक़ ख़ुशी से जान की बाज़ी
कि उनकी रूह में कुछ इस क़दर उतरी हैं ये आँखें

कहाँ मुमक़िन कि इनसे राज़ कोई छुप सके 'राजे'
कोई चितचोर पूछे तो हुई ख़बरी हैं ये आँखें

ख़ुदा मेरा होगा (ग़ज़ल)

लिख दिया है जो तूने, ठीक ही लिखा होगा
जो किया मुक़द्दर नें, तूने ही कहा होगा

सिर्फ़ मेरी नाकामी, क्यूँ बता रहा है तू
ज़ीरो देने से पहले, जज़्बा भी दिखा होगा

चीज़ हर ज़माने की, छीन ले मगर कह दे
जीने के लिए कोई आसरा रखा होगा

घूमती है ये दुनिया, एक तेरे इशारे पर
वक़्त रुक गया है तो, तूने ही कहा होगा

कायनात बाँटी है, तूने तो मेरी ख़ातिर
इस ज़मीं पे दो गज़ का, हिस्सा तो मेरा होगा

है नज़र कहाँ ऐसी, देखूँ कहकशाँ लेकिन
मेरे नाम का तारा, तूने चुन लिया होगा

इस यक़ीं से पीता हूँ ज़िंदगी तेरा प्याला
मेरे पीने से पहले, तूने भी चखा होगा

मुझको क्या डराएगी, आज मेरी तन्हाई
ज़िंदगी नहीं मेरी तो ख़ुदा मेरा होगा

बेहिसाब दर्द (ग़ज़ल)

होश बाक़ी है, मेरे हाथ में शराब भी है
अश्क़ छलके भी नहीं, आँख में सराब भी है

मुस्कुराया जो मेरा यार तो लगा ऐसा
जैसे चेहरे पे महकता हुआ गुलाब भी है

मैंने पूछा जो मेरी ज़ीस्त से सवाल मेरा
थोड़ी ख़ामोश है थोड़ी सी लाजवाब भी है

क्यूँ है नाराज़ अगर फिर वही सवाल किया
कि तेरे पास तग़ाफ़ुल सा एक जवाब भी है

क्या अजब बात है आराम मिल गया पीकर
होश आया तो इसी में बहुत अज़ाब भी है

साथ चलना है, ज़माने के साथ जीना है
और कहते हैं कि दुनिया बड़ी ख़राब भी है

जब मैं सादा-दिली पे मर मिटा तो ये जाना
मेरे क़ातिल को ज़र-ए-हुस्न का रुआब भी है

तेरी ख़ुशियाँ तो अभी उँगलियों पे गिन दूँ मैं
क्या तेरे पास मेरे दर्द का हिसाब भी है?

समझे तो कौन समझे

दुनिया है टेढ़ी मेढ़ी और हम भी उलझे उलझे
मुश्किल यही है सबकी, समझे तो कौन समझे

बारिश की थी तमन्ना, तो ये भी जान लेते
मुमक्किन कहाँ कि बादल कुछ दूर जाके गरजे

ख़ामोशियों का मतलब, मतलब बनाने पर है
इक़रार गर नहीं था, इंकार खुलके करते

तन्हाईयों की मेरी, इतनी अगर फ़िकर है
कुछ दूर तो सफ़र में तुम साथ साथ चलते

चिंगारियाँ दिखा के देखो न तुम तमाशा
तुम आग ही लगाते तो राख भी सुलगते

करता हूँ प्यार दिल से, दिल भी तुम्हें दिया है
मैं हँसके जान देता, तुम प्यार से तो कहते

खिलौना आदमी

है कौन सी मिट्टी का खिलौना ये आदमी
क्यूँ धूल में मिलने को इसे जीना लाज़मी

फुटपाथ पे रहने का तक़ाज़ा है मुफ़लिसी
आकाश हुआ छत तो बिछौना है ये ज़मीं

हर रोज़ कमाकर भी जो पूरी नहीं हुई
आख़िर है मेरी ज़िंदगी में कौन सी कमी

अब दूरियों में है कहाँ रिश्तों की गर्मियाँ
क्यूँ हो गया है फूल खिलाना भी मौसमी

हर शख़्स दो क़िरदार निभाता है रात-दिन
है चेहरा छुरी एक तो दूजा है मातमी

जो ज़िंदगी में साथ चला ही नहीं कभी
क्यूँ उसके गुज़रने पे भी रोना है लाज़मी

दिल तार-तार (ग़ज़ल)

आज की रात पार करना है
सुबह का इंतज़ार करना है

ज़िंदगी रोज़ जी नहीं जाती
फिर से कल एक बार मरना है

फिर से नाखून बढ़ गए मेरे
दर्द को ख़ार-ख़ार करना है

कबसे रोई नहीं मेरी आँखें
अश्क़ में ज़ार-ज़ार करना है

वो तमन्ना, ये ख़्वाहिशें मेरी
आज इनपे भी वार करना है

दर्द के बदले वक़्त सस्ता है
अबसे ये कारोबार करना है

फ़िर मेरा हाल पूछता है वो
दर्द पर इख़्तियार करना है

ज़ुल्म की इंतेहा हुई अब तो
फ़ैसला आर-पार करना है

ज़िंदगी दर्द दे रही मुझको
वक़्त को ग़म-गुसार करना है

मौत से शर्त लग गई मेरी
जीत का इंतज़ार करना है

ज़िंदगी मुफ़्त बिक रही मेरी
और कितना उधार करना है

जानें क्यों टूटके धड़कता है
दिल मेरा तार-तार करना है

ऐतबार ना हुआ (ग़ज़ल)

क्यूँ ज़िंदगी को मुझपे ऐतबार ना हुआ
क्यूँ मौत की ख़बर का इंतज़ार ना हुआ

आने में माना वक़्त कुछ ज़ियादा लग गया
ऐसा नहीं कि दिल ही बेक़रार ना हुआ

उसने तो ख़ैर वक़्त के हवाले कर दिया
पर वक़्त ही कभी भी ख़ुशगवार ना हुआ

मैं आ गया था जिनकी ख़ुद-फ़रेबियों से तंग
वो शख़्स बेईमानों में शुमार ना हुआ

अब प्यार पर यक़ीं नहीं ये बात और है
ऐसा नहीं कभी भी मुझको प्यार ना हुआ

जिस शख़्स को तबाहियों में ढूँढता रहा
वो शख़्स देखकर भी ज़ार-ज़ार ना हुआ

अंजान आदमी (ग़ज़ल)

महफ़िल में एक आदमी अंजान सा मिला
खुद में ही बेख़याल, परेशान सा मिला

चेहरे की सिलवटों में छुपी थी कोई शिकन
होंठों पे झूठमूठ की मुस्कान सा मिला

दरिया के इंतज़ार में एक बूँद मुंतज़िर
सहरा की रेत पर वो निगहबान सा मिला

उस दर्द से है गोया कोई रिश्ता आज भी
जो इक पुराने ज़ख़्म की पहचान सा मिला

जब भी मिली निगाहें तो नज़रें झुका गई
इक शर्मसार दिल मुझे बेइमान सा मिला

इस रोशनी में भी न थी परछाईयाँ कोई
वो वक़्त में लुटा हुआ अरमान सा मिला

नज़रें थी भीगी भीगी मगर होंठ थे बुझे
वो बज़्म में ख़मोशी के तूफ़ान सा मिला

क्या खूब सज के आया है वो वक़्ते-आख़िरी
जब ख़ाक़ होके यादों के शमशान सा मिला

दिल का हुनर (ग़ज़ल)

मेरे दिल को रब जाने कब संभलना आएगा
सीधी राह पर आख़िर कब से चलना आएगा

पल में ही बदलता है वक़्त रास्ता अपना
वक़्त के मुताबिक कब से बदलना आएगा

बेवफ़ाई का नुस्खा, ये जहाँ सिखाता है
दिल को इसके साँचे में कब से ढलना आएगा

दे रहे दिलासे भी, और हैं परेशां भी
हाय दिल्ले-नादाँ को कब बहलना आएगा

ज़िंदगी की राहों में हर क़दम पे ठोकर है
जाने दो क़दम इसको कब से चलना आएगा

दर्द में ये ग़ैरों के जिस तरह से जलता है
ख़ुद के दर्द में इसको कब सुलगना आएगा

आइने से छुप-छुप के रोज़ ही गुज़रता है
अपने साये से ख़ुद को कैसे मिलना आएगा

क़ैद में है रिश्तों की, बँध गया रिवाजों में
आरज़ू में इसको फिर कब मचलना आएगा

उम्मीद में दिल

उम्मीद भरा दिल कुछ ऐसे भर सा जाता है
देखे जो दवा दर्द और बढ़ सा जाता है

पत्थर से भरी राह, आईने सा दिल मेरा
जब टूटता है राह पर बिखर सा जाता है

पहले तो मेरे दर्दो-ग़म पिये कहे बिना
फ़िर इक ज़रा सी बात पर ये भर सा जाता है

हर बार बहाने का एक दिलासा देके वो
हर बार मुलाक़ात से मुकर सा जाता है

हर शाम अकेला ही छोड़कर गया मुझे
हर रात मगर ख़्वाब में ठहर सा जाता है

एक पल न गुज़र पाया उम्रभर कभी-कभी
और वक्त कभी पल में ही गुज़र सा जाता है

ना ख़ौफ़ ख़ुदा ही का है न फ़िक्र मौत की
फ़ुर्क़त से मेरा दिल अगरचे डर सा जाता है

इस बेवफ़ा सी ज़िंदगी पे बोझ है वफ़ा
हर शख़्स जिसे ढ़ोते-ढ़ोते मर सा जाता है

कल ना आएगा (ग़ज़ल)

दिलासे दे रहे हैं यूँ कि जैसे कल न आएगा
बिछड़कर ज़िंदगी में फिर कभी ये पल न आएगा

नहीं मैं आख़िरी आशिक़ तेरा पर जानती है तू
छिड़कने जाँ कभी मुझसा तेरा क़ायल न आएगा

जनाज़ा मत निकालो दिन-दहाड़े इस तरह वाँ से
कि चारागर के दर पर फिर कोई घायल न आएगा

हुए हैं इस क़दर मायूस एक सूखे शजर से हम
कि जैसे आसमाँ पर फिर कभी बादल न आएगा

छुपाकर कब तलक रक्खोगे इतनी उलझनें दिल में
कि तन्हा बैठकर रोने से कोई हल न आएगा

कभी ग़लती से भी साक़ी सुकूं आए न आशिक़ को
हुआ आराम तो मयख़ाने तक वो कल न आएगा

अभी बाक़ी हैं लाखों रास्ते तेरे शहर में ही
चलो बरसो-बरस तन्हा मगर जंगल न आएगा

हम अपनी क़ब्र में फैले हैं ऐसी शानो-शौक़त से
हमारा फ़ातेहा पढ़ने कोई पागल न आएगा

शिक़ायतों की चिट्ठी (ग़ज़ल)

कितनी शिक़ायत है मगर मैंने कभी की ही नहीं
लिखता रहा मैं चिट्ठियाँ लेकिन कभी भेजी नहीं

जज़्बात जो समझे मेरे वो दूर मुझसे हो गए
फिर बात मेरी उम्रभर ये ज़िंदगी समझी नहीं

सबकुछ गँवाकर भी रही मुझमें रईसी प्यार की
यादों की एक जागीर तो मैंनें कभी खोई नहीं

तन्हाईयों से गुफ़्तगू दिलचस्प इतनी थी मेरी
ख़ामोशियों की चीख़ भी कानों तलक पहुँची नहीं

मुझसे न जाने क्यूँ हुई नाराज़ मेरी ज़िंदगी
खुद को जलाने के लिए तो बात मैंने की नहीं

खाकर मेरे सर की क़सम वो छोड़कर मुझको गए
फिर लौटकर आएँगे वो, ऐसी क़सम खाई नहीं

माँगे बिना दिल खोलकर अल्लाह ने मुझको दिया
वरना ये दर्द-ए-ज़िंदगी मैंने कभी चाही नहीं

जलते-सुलगते एक दिन ये जिस्म मिट्टी हो गया
जो आग थी दिल में कभी मैंने बुझाई ही नहीं

ज़िंदगी जिये जाएँ (ग़ज़ल)

रोज़ एक ज़ख़म खाएँ, रोज़ ही सिये जाएँ
हम तेरी मुहब्बत में, इस तरह जिये जाएँ

रंग-रंग साक़ी है,   बूँद-बूँद दुनिया है
हर ज़हर दवा जाने, झूमकर पिए जाएँ

दूरियाँ बढ़ाएं वो लाख हम मगर उनको
हर जगह ख़यालों में साथ ही लिए जाएँ

हर ख़ुशी को मुट्ठी में रेत की तरह रक्खें
दर्द से मिलें जब भी, हम ख़ुशी दिये जाएँ

ज़िंदगी का विल हमने जिसके नाम लिक्खा है
क्यूँ न मौत भी उसके नाम ही किये जाएँ

हर सवाल का तेरे, है जवाब तुझमें ही
ढूँढते हुए रब को, दूर किसलिए जाएँ

ज़िंदगानियाँ (ग़ज़ल)

फ़लक से जब ख़ुदा भी देखता है ज़िंदगानियाँ
कहीं ख़ुशी में ख़ुश, कहीं ख़फ़ा हैं ज़िंदगानियाँ

सुबह से शाम सबका दिन है एक ही तरह मगर
ज़रा कहीं है कम, कहीं ज़ियादा ज़िंदगानियाँ

कहाँ कहाँ भटक रहे क़दम, ये क्या तलाश है?
सभी की ज़िंदगी से गुमशुदा हैं ज़िंदगानियाँ

हर आदमी गुनाह का हिसाब दे रहा है अब
कहीं ख़ता है तो कहीं सज़ा हैं ज़िंदगानियाँ

मेरे लिए तो जात-पात रंग-रूप एक है
मेरी नज़र में सिर्फ़ मयक़दा हैं ज़िंदगानियाँ

हैं एक पल क़रीब और अजीब दूसरे ही पल
हसीन महज़बीन दिलरुबा हैं ज़िंदगानियाँ

जो खो गया उसे बजाए भूलने के आदमी
उसी को पाने में ही खो रहा है ज़िंदगानियाँ

अलग अलग दिशाएं हैं अलग अलग हैं रास्ते
सफ़र में साथ हैं तो क़ाफ़िला हैं ज़िंदगानियाँ

न चाँद पे है ज़िंदगी, न आफ़ताब पे नमी
अगर मिले ज़मीन, आशना हैं ज़िंदगानियाँ

फ़लक से बादलों ने जो गिराई एक बूँद थी
कहीं पे रेत है, कहीं फ़िज़ा है ज़िंदगानियाँ

जो अपने ही लिए जिए वो ज़िंदगी थी राएगाँ
जो औरों की हुई तो फ़लसफ़ा हैं ज़िंदगानियाँ

तड़प रही है मौत को गले लगाने के लिए
न थी ख़बर कि ऐसी बेवफ़ा हैं ज़िंदगानियाँ

ज़ख़्म हरा होगा (ग़ज़ल)

दर्द उठ रहा है तो ज़ख़्म भी हरा होगा
धड़कनों से ख़ाली दिल, अश्क़ से भरा होगा

अब तलक मैं ज़िंदा हूँ तो यही वजह होगी
एक जुनूँ कहीं मुझमें साँस भर रहा होगा

वक़्त गर नहीं करता, आज कुछ क़दर मेरी
वक़्त को भी मैंने ज़ाया कभी करा होगा

क्या नफ़ा ख़सारा क्या, बात है मुक़द्दर की
दिल ने गर किया है तो सौदा वो खरा होगा

आँसुओं के बहने का थोड़ा सा सलीक़ा हो
बुत के आगे वो वर्ना मुफ़्त बह रहा होगा

यूँ ही दर्द देने का, शौक़ है किसे यानी
दर्द देने वाला भी, दर्द में रहा होगा

इश्क़ के समुंदर में शौक़ से वो डूबा था
सोचके कि क़द उसका दरिया से बड़ा होगा

इश्क़ ढूँढता आख़िर आ गया वो जन्नत में
एक परी से उसका भी पाला पड़ गया होगा

रब के हवाले (ग़ज़ल)

ज़िंदगी है रब की तो रब के है हवाले अब
जैसे उसका दिल चाहे, वैसे आज़मा ले अब

कब तलक उठाऊँ मैं, बोझ अपने सीने पर
उससे ही मिली साँसें, ख़ुद ही वो संभाले अब

मैंने हर तिजारत से कर लिया है समझौता
चाहे इस ख़सारे से जो नफ़ा कमा ले अब

मोजिज़ा दिखा मुझको, हादसों में उलझा हूँ
एक जान के बदले, एक दिल बचा ले अब

इससे पहले मौत आकर ज़िंदगी जुदा कर दे
आख़िरी दफ़ा मुझको, आ गले लगा ले अब

कुछ नहीं बिना तेरे, रंग, रूप, क़द, काठी
या मुझे मिटा दे या ख़ुद में ही मिला ले अब

ख़ुशियों का वादा (ग़ज़ल)

मैंनें जो किया वादा, वो निभा रहा हूँ मैं
तुमसे और भी ज़्यादा दूर जा रहा हूँ मैं

चल पड़ा हूँ राहों पे, ढूँढने ख़ुशी तेरी
और इसके बदले सबकुछ लुटा रहा हूँ मैं

ज़ब्त कर लिए आँसू, सुर्ख़-रू हुई आँखें
अब लहू से अश्क़ों का हक़ चुका रहा हूँ मैं

हर सवाल दुनिया का ग़ौर से सुना मैंने
जो न सुन सकेंगे वो अब सुना रहा हूँ मैं

प्यार से कभी मेरा हाल पूछते थे वो
बेरुखी से अब जिनका दिल दुखा रहा हूँ मैं

बेख़याली में भी भूला न मैं कभी जिनको
उनको ही ज़बरदस्ती अब भुला रहा हूँ मैं

देख ले न अब कोई टूटे ख़्वाब आँखों में
हर किसी से मिलकर नज़रें चुरा रहा हूँ मैं

इश्क़, आरज़ू, रिश्ता, दोस्ती, वफ़ादारी
बद-गुमानियों से अब बाज़ आ रहा हूँ मैं

डॉक्टर - क़ातिल या ख़ुदा

दुनिया में अब तो ये ही दस्तूर हो चला है
इक बेगुनाह क़ातिल मक़्तूल हो चला है

हर बार उल्टा सीधा जो बन पड़ा वो कहके
दुनिया में एक नेता मशहूर हो चला है

वो और कितनी जानें अब तक बचाता लेकिन
अपनी ही जाँ के आगे मजबूर हो चला है

ख़ुद की भले ही कोई ना हैसियत हो लेकिन
दुनिया को गाली देना माक़ूल हो चला है

एक भूल के लिए अब सूली पे टाँग देगा
क्यूँ बेक़दर ज़माना मग़रूर हो चला है

एक मौत का कुछ ऐसे अफ़सोस कर रहे हैं
दुनिया का घर जलाना मंज़ूर हो चला है

गुज़री है पीड़ितों पर कैसी ये वो ही जाने
वोटों का काम लेकिन भरपूर हो चला है

एकतरफ़ा फ़ैसले का अंजाम कौन जाने
सत्ता-घमंड में जब वो चूर हो चला है

दर्जा जिसे था हासिल, भगवान के बराबर
वो चारासाज़ थक के बेनूर हो चला है

सजदा-ए-बेदिली से उकता गया वो ऐसा
दुनिया के दर्द से भी वो दूर हो चला है

खोएं क्या, पा जाएं क्या (ग़ज़ल)

क्या हालत है तेरी मेरी, समझें क्या समझाएं क्या
गूँगी बहरी सारी दुनिया, सुनते क्या, बतलाएं क्या

मूंद के आँखें बैठे हैं सब, धुंध की गहरी चादर में
जलती हैं आँखें मेरी भी, देखें क्या दिखलाएं क्या

एक तरफ़ नातों के बंधन, एक तरफ़ है अपना ग़म
दोनो में ऐसी उलझन है, सुलझें क्या सुलझाएं क्या

कहने को है सब हमदर्दी, देने को उम्मीद नहीं
जब मेरा दिल ही टूटा हो, बहलें क्या बहलाएं क्या

आँखों में आँसू की कमी है, चेहरे पर मुस्कान नहीं
ज़िंदा ही एहसास न हो तो रोएं क्या हँस पाएं क्या

अपना जुर्म न जाने कोई, औरों की ही ख़ता है सब
दिल में जिनके दर्पण ना हो, सोचें क्या पछताएं क्या

दिल से जिनको चाहा मैंने, मेरा हो ना पाया वो
तन्हाई का आलम बेहिस, भूलें और भुलाएं क्या

ये भी तेरा वो भी तेरा, मेरा अपना मैं भी नहीं
अब हम इस ख़ाली दुनिया में खोएं क्या और पाएं क्या

फ़लक तक | डॉ राजेश गुप्ता 'राजे'

जीने का रास्ता (ग़ज़ल)

ज़िंदगी, इतना आसरा देना
अपने भटकों को रास्ता देना

मेरी दुनिया का इल्म है जिसको
मुझको उस दोस्त का पता देना

अपनी साँसों या धड़कनों में से
किसको चुनना है मशवरा देना

दो घड़ी को ये वक़्त जब ठहरे
देखकर मुझको मुस्कुरा देना

जो कभी चाह के ना कह पाया
उनको महसूस वो करा देना

याद करता रहूँ उसे हर पल
ज़ख़्म ऐसा हरा-भरा देना

तुझको जीना हो बेतक़ल्लुफ़ अब
इश्क़ में ऐसा एक नशा देना

साँस बनकर वो लौट आएं जब
थोड़ी मोहलत मेरे ख़ुदा देना

जिस्म जब भी जले ख़यालों में
उनके एहसास की हवा देना

तेरा सजदा क़ुबूल हो जब भी
मुझको भी थोड़ी सी दुआ देना

मुझको आवाज़ दे अगर कोई
उससे मिलने की एक वजह देना

माफ़ करना मेरी ख़ताएं सब
जब मुझे आख़िरी सज़ा देना

ख़ुदा और मैं (ग़ज़ल)

न मुझमें झाँक पाया वो, न मैं उसको परख पाया
न उसने ही मुझे समझा, न वो मेरी समझ आया

मैं दिख के भी नहीं दिखता, वो दिखता ही नहीं मुझको
न मुझको ढूँढ़ पाया वो, न वो मुझको नज़र आया

नहीं उसको कोई भी ग़म, मैं केवल ग़म से ज़िंदा हूँ
वो हर पल रोशनी में है, हुआ मैं तीर में ज़ाया

जिसे मैं भूल ना पाया, उसे ही याद ना आई
मुहब्बत ने यूँ ही लूटा मेरी खुशियों का सरमाया

गुनाहों में किया सजदा, दुआओं में ख़ताएं की
सज़ा में ज़िंदगी पाई, जिसे मैं जी नहीं पाया

वो मूरत एक पत्थर की, मैं पुतला ग़लतियों का हूँ
खुदा उसको बनाया जो रिहाई दे नहीं पाया

ख़ामोश रिवायत (ग़ज़ल)

नाराज़गी है कैसी ख़ामोश इक रिवायत
लब पर नहीं है शिक़वा पर दिल में है शिक़ायत

हर बात में है तल्ख़ी, हर लफ़्ज़ में अदावत
सुनता रहा वो लेकिन, कुछ कम नहीं रिआयत

क़ातिल नज़र को मैंने जब नाम से पुकारा
मुझको समझ में आया क्या चीज़ है क़यामत

चुपचाप बैठते हो तो बैठो हो जहाँ भी
वरना खुला है कमरा, जाने की है इजाज़त

वो बड़-बड़ाके जैसे ग़ुस्से में कह रहा हो
गर चल रही हैं साँसें तो मेरी है शराफ़त

ना करना कुछ बहाना, ना दो कोई दुहाई
आएगा बीच में तो अल्लाह की है शामत

बदल रहे हो (ग़ज़ल)

सब जानते हो तुम भी, कितने बदल रहे हो
पहले थे बहके-बहके, अब तुम संभल रहे हो

ठोकर अभी हज़ारों लगनी है ज़िंदगी में
तुम एक चोट से ही इतने दहल रहे हो

लहरों से खेलने की आदत कहाँ गंवा दी
साहिल की रेत ही से क्यूँ तुम बहल रहे हो

थे जागती निगाहों में ख़्वाब ज़िंदगी के
जो मौत के तजुर्बे से ख़ुद मसल रहे हो

ख़ुद को जलाके तुमने अपना ख़ुदा बनाया
जब उसने आज़माया तो ख़ुद पिघल रहे हो

ख़ुद को ही खो दिया है तुमने कहीं सफ़र में
मंज़िल की खोज में अब तन्हा निकल रहे हो

लोगों (ग़ज़ल)

न यूँ जल्दी मचाओ तुम कि पूरी रात है लोगों
तमाशा ख़त्म होने दो, अभी शुरुआत है लोगों

अभी अनपढ़ मदारी ने बजाया है यहाँ डमरू
अभी तो नाचने को बंदरों की ज़ात है लोगों

हमारी कब्र पे आकर करो आँसू न तुम ज़ाया
यहाँ पत्थर की बस्ती में कहाँ जज़्बात है लोगों

दिलों के ज़ख़्म जाने कब के ख़ुद ही भर गए होते
इन्हें नासूर करने में तुम्हारा हाथ है लोगों

अगर समझो तो ये ख़त आईना दोनो दिलों का है
नहीं समझो तो सब बेकार लिक्खी बात है लोगों

छिपे हैं चाँद-तारे बादलों में साँस लेने को
ज़मीं पर धूल-मिट्टी की अजब बारात है लोगों

कहीं महफ़ूज़ लगता ही नहीं, बाज़ार हो या घर
यहाँ बद से कहीं बदतर हुए हालात है लोगों

बँधी है ज़िंदगी एक क़ैद में लेकिन ग़नीमत है
कि ये दुनिया अभी भी ज़िंदगी के साथ है लोगों

तन्हा (ग़ज़ल)

रोज़ ख़ामोश जी रहा है ज़िंदगी तन्हा
आज महफ़िल में फिर मिला था अजनबी तन्हा

फ़िक्र किसको है तेरे ग़म की, तेरे रोने की
अपने आँसू बहा ले जब हो तीरगी तन्हा

हिज्र की आँधियाँ चली तो उड़ गईं ख़ुशियाँ
रह गई ग़म में डूबकर ये आशिक़ी तन्हा

ग़ैर का था जो ज़िंदगी लगी थी अपनी सी
ख़ुद का होते ही हो गया है आदमी तन्हा

फ़र्क़ पड़ता नहीं, हो आसमान या दरिया
दिल अकेला ही उड़ रहा था, डूबा भी तन्हा

कोई पिंजरा नहीं यहाँ, न कोई बंधन ही
जाने किस क़ैद में है मेरी बेबसी तन्हा

ललित (ग़ज़ल)

चुपचाप दोस्ती का हक़ भी अदा किया है
हर ज़ख़्म के मुताबिक उसने दवा किया है

जब तामझाम सारे हो बेअसर हमारे
उसने बिना बताए रब से दुआ किया है

ख़ुद की ख़ताओं से वो बे-फ़िक्र था हमेशा
मेरी सज़ा की ख़ातिर उसने ख़ता किया है

हो मन की बात मेरी उसके भी मन में जैसे
मैं लापता हुआ तो उसने पता किया है

आबो-हवा का कैसा भी हो मिज़ाज लेकिन
माहौल उसने हरदम खुशरंग सा किया है

बर्ताव दुश्मनों से है दुश्मनों के जैसी
और दोस्तों से उसने बस राबता किया है

हो बेवजह बुराई तो आँख भी दिखाए
तारीफ़ बेवजह हो तो आईना किया है

यूँ तो नहीं है मुमकिन, वो साथ हो हमेशा
पर मेरी मुश्किलों में हरदम रहा किया है

आग़ बाक़ी है (ग़ज़ल)

जला है जिस्म, राख बाक़ी है
बची है रूह, आग बाक़ी है

जुदा है ज़िंदगी मगर तुझसे
अभी मेरा फ़िराक बाक़ी है

भरी निगाह कह रही है अभी
कहीं तो एक सुराख़ बाक़ी है

चमकते चाँद के मुक़द्दर में
न जाने कितने दाग़ बाक़ी है

अभी तो एक ही मरा तुझपे
अभी कई हज़ार बाक़ी हैं

अभी निगाह ही मिली उनसे
अभी तो मुझमे जान बाक़ी है

ये रास्ते तो हो गए पत्थर
वो मुंतज़िर सी आँख बाक़ी है

इन अंधेरो को ग़ौर से देखो
बुझी है लौ, चिराग़ बाक़ी है

कहीं दिन तो कहीं रात (ग़ज़ल)

कब रोशनी की हर घड़ी सौग़ात होती है
दुनिया में दिन कहीं तो कहीं रात होती है

सूखा कहीं तो बाढ़ का पानी भी है कहीं
कब गाँव में बस एक सी बरसात होती है

मुट्ठी में ज़िंदगी है, कहीं रेत भी नहीं
क़िस्मत कहाँ पे हर किसी के साथ होती है

अब वक़्त है सही तो लगे हाल पूछने
हालात हों सही तो कहाँ बात होती है

कल मेरी थी जो तेरी है, कल का किसे पता
किसके नसीब में कहाँ ख़ैरात होती है

जब काम था तो मिलने का भी वक़्त था बहुत
फ़ुर्सत में कब किसी से मुलाक़ात होती है

नींद का दर्द

नींद ने मुझसे बड़ी नींद में कहा आकर
दो घड़ी पलकें झुकाओ तो मैं भी सो जाऊँ

तुम अगर दिल में ज़रा सी जगह मेरी ख़ातिर
फिर मुहब्बत से बनाओ तो मैं भी सो जाऊँ

है तमन्नाओं का हर वक़्त हर जगह पहरा
तुम इन्हें दूर भगाओ तो मैं भी सो जाऊँ

झील में तैरती रहती हैं दर्द की बूँदे
इक दफ़ा अश्क़ बहाओ तो मैं भी सो जाऊँ

शोर तन्हाईयों का गूँजता है सीने में
तुम कोई गीत सुनाओ तो मैं भी सो जाऊँ

रात आँखों में वही ख़्वाब जल गए फिर से
फिर से तुम ख़्वाब बुझाओ तो मैं भी सो जाऊँ

चच्चा की याद (ग़ज़ल)

मुझे अक्सर वही मंज़र पुराना याद आता है
बताए बिन तेरा चुपचाप जाना याद आता है

नहीं है याद मुझको एक दफ़ा भी रूठना तेरा
मगर रूठों को अक्सर ही मनाना याद आता है

हमें एक साथ हँसता खेलता देखा है जब तुमने
तो मन ही मन तुम्हारा मुस्कराना याद आता है

लगे जब हारने तुम ताश की बाज़ी कभी हमसे
अचानक ही तुम्हारा गुनगुनाना याद आता है

ज़हीन अफ़सर हो या बंदा अंगूठा छाप हो कोई
उन्हें चालाक बातों में फंसाना याद आता है

हथेली गुदगुदाकर ढूँढते थे जब चिरैय्या तुम
तो बच्चों की हँसी में खिलखिलाना याद आता है

नहाकर रोज़ ही बेरंग कुर्ते छाँटते रहना
तुम्हारा शौक़ से वो सिर खपाना याद आता है

सुबह हो, दोपहर हो, रात हो, सबकी मुसीबत पर
बिना सोचे तुम्हारा दौड़ जाना याद आता है

भला ना कर सको तो तुम बुरा भी मत करो 'राजे'
हमें हर रोज़ ये करके दिखाना याद आता है

अंजाम फ़लक तक

कोई आके देखे ज़मीं से फ़लक तक
जहाँ मुस्कुराए हमीं से फ़लक तक

उतर आया है चाँद दिल की ज़मीं पर
सजी रात भी चाँदनी से फ़लक तक

उठा ग़म के दरिया में तूफ़ान जब भी
छलक उट्ठी आँखें नमी से फ़लक तक

बहारों के दामन से आई मुहब्बत
उड़ी एक खुशबू कली से फ़लक तक

जली है शमा दिल की गहराइयों में
अंधेरा मिटा रोशनी से फ़लक तक

क़फ़स में नहीं क़ैद कोई परिंदा
हवा में उड़ें सब खुशी से फ़लक तक

सफ़र में क़दम से क़दम क्या मिले हैं
मिली मंज़िलें ज़िंदगी से फ़लक तक

किसी से गिला ना किसी से ख़फ़ा है
फ़रिश्ता हुआ आदमी से फ़लक तक

किस छोर पे मंज़िल है

रोना नहीं है मुमक़्किन, हँसना हुआ है मुश्किल
कैसी है बेक़रारी? क्यूँ डूबता है ये दिल?
ऐसे में क्या करें हम, हमको कोई बताए
किस ओर के हैं रस्ते, किस छोर पे है मंज़िल

कहने को कुछ नहीं है, सुनने को लाख क़िस्से
जो टूटता है अंदर, किस दिल के हैं वो हिस्से
क्या खो दिया है मैंने, क्या हो गया है हासिल
किस ओर के हैं रस्ते, किस छोर पे है मंज़िल

ये शहर इसकी दुनिया, लगते हैं अजनबी से
हर सिम्त है उदासी, एक शय नहीं कहीं पे
बस्ती हो या हो जंगल, कुछ भी नहीं है कामिल
किस ओर के हैं रस्ते, किस छोर पे है मंज़िल

तूफ़ान ना थमा तो क्या-क्या है आज होना
जिस चीज़ पे मरे है, मिट्टी का है खिलौना
हो जाएगा ये पानी, मौजों में होगा साहिल
किस ओर के हैं रस्ते, किस छोर पे है मंज़िल

नवाज़िश

हर मुक़ाम पर मेरे, इस क़दर तू क़ाबिज़ है
हर दलील तेरी, मेरा वजूद ख़ारिज़ है
दर्द की हर एक नेमत, रोज़ जिसने बख़्शी है
इक फ़क़ीर आशिक़ का, ऐ ख़ुदा, तू हाफ़िज़ है

माँगे बिन ही कुदरत की, कैसी ये इनायत है?
बेक़सूर दिल की बस इतनी सी शिक़ायत है
बेबसी है वो मेरी, या वो तेरी ख़्वाहिश है
इक फ़क़ीर आशिक़ का, ऐ ख़ुदा, तू हाफ़िज़ है

हर तरफ़ है रुसवाई, हर जगह पे पहरे हैं
क्यूँ शिक़न नहीं जाते, जो जबीं पे ठहरे हैं
मशवरे मिले सबसे, लोग सारे वाइज़ है
इक फ़क़ीर आशिक़ का, ऐ ख़ुदा, तू हाफ़िज़ है

ज़ोर कब चला मेरा, सब तेरी ही मर्ज़ी है
कान से तू है बहरा या दुआ ही फ़र्ज़ी है
ख़ैर, है क़ुबूल अब तो, तेरी जो नवाज़िश है
इक फ़क़ीर आशिक़ का, ऐ ख़ुदा, तू हाफ़िज़ है

बेवजह मलाल

चाँद तेरी गलियों में, जब कभी नहीं निकला
रात के अंधेरों का, क्यूँ मलाल करता है?
जब नसीब ही तेरा, रूठकर गया तुझसे
रब को आज़माने का क्यूँ ख़्याल करता है?

ख़्वाब एक अच्छा तो एक ख़राब आएगा
सब्र कर तेरी जानिब हर जवाब आएगा
बेवजह ज़माने से क्यूँ सवाल करता है?
रब को आज़माने का क्यूँ ख़्याल करता है?

रोशनी बहुत होगी, ये अगन बुझाने से
डूबती नहीं दुनिया, तेरे डूब जाने से
ज़िंदगी सजा अपनी, क्यूँ बवाल करता है?
रब को आज़माने का क्यूँ ख़्याल करता है?

तू ख़फ़ा हुआ ख़ुद से, और इस ख़ुदाई से
ज़िंदगी इसी कारण, लग रही पराई सी
मान जा तू जीना अब क्यूँ मुहाल करता है?
रब को आज़माने का क्यूँ ख़्याल करता है?

कौन कितना रोया है

क्या पता, कहाँ किसने, किसका साथ खोया है
दर्द-ओ-ग़म निगाहों में किस तरह संजोया है
मैं हिसाब अश्क़ो का किस तरह करूँ आख़िर
क्या पता अकेले में कौन कितना रोया है

दिन कटा ग़रीबों का, दाल-रोटी पाने में
भूख खोई लाखों की, एक अरब बनाने में
हर निगाह ने अपना, ख़्वाब और बोया है
क्या पता अकेले में कौन कितना रोया है

रेशमी रज़ाई भी एक सुई चुभाती है
कोई फ़िक्र दुनिया को रात भर जगाती है
और पत्थरों पर भी, थक के कोई सोया है
क्या पता अकेले में कौन कितना रोया है

एक दिन पराया सा दर्द अपना लगता है
उम्रभर कोई अपना अजनबी सा रहता है
जाने किसकी यादों नें आँख को भिगोया है
क्या पता अकेले में कौन कितना रोया है

कर्ज़ में मिली साँसें, ख़र्च हो गया जीवन
ज़िम्मेदारियाँ आईं, फ़र्ज़ हो गया जीवन
किस तरह कहाँ किसने कितना बोझ ढोया है
क्या पता अकेले में कौन कितना रोया है

दिल से

ज़िंदगी को मैंने मक़बूल कर लिया दिल से
ग़म को मैंने अपना महबूब कर लिया दिल से
ज़िंदगी में, मुझमें अब फ़र्क़ ना रहा कोई
ज़िंदगी को मैंने महसूस कर लिया दिल से

अब कोई शिक़ायत ही ना रही किसी से भी
चाँद अपना लगता है अब मुझे ज़मीं से भी
औरों की खुशी जब मंसूब कर लिया दिल से
ज़िंदगी को मैंने महसूस कर लिया दिल से

ज़ीस्त से समय का रिश्ता बना लिया मैंने
वक़्त को फ़रिश्ता अपना बना लिया मैंने
ज़ख़्म की दवा भी क्या ख़ूब कर लिया दिल से
ज़िंदगी को मैंने महसूस कर लिया दिल से

[1]मक़बूल – स्वीकार करना, [2]मंसूब – नियति बनाना

हम दूर हो गये हैं

बचपन के रंग सारे बेनूर हो गये हैं
उस गाँव वाले घर से हम दूर हो गये हैं
सपनें जो आसमाँ तक खुलके उड़े हवा में
पत्थर नगर में गिरके सब चूर हो गये हैं

खुशियों की वो तिजोरी, माँ की वो मीठी लोरी
थाली वो आसमाँ की, चंदा की वो कटोरी
पढ़-लिख के हम ज़रा से मग़रूर हो गये हैं
पर गाँव वाले घर से हम दूर हो गये हैं

वो पेड़ के परिंदे, खेतों के मीठे गन्ने
बर्तन वो कांच वाले, मिट्टी के वो खिलौने
क़िस्सों में मुँह-ज़बानी मशहूर हो गये हैं
पर गाँव वाले घर से हम दूर हो गये हैं

वो शोर करती गलियाँ, वो चोर, वो सिपाही
बरसात की खुशी में, स्कूल की मनाही
सब ज़िंदगी के आगे मजबूर हो गये हैं
उस गाँव वाले घर से हम दूर हो गये हैं

वो छत की मस्त यादें, वो खुश-गवार बातें
वो खेलने हुए दिन, वो चाँद वाली रातें
अब ख़्वाहिशों के खट्टे अंगूर हो गये हैं
उस गाँव वाले घर से हम दूर हो गये हैं

फ़ासले

तुम भी इसी तरफ़ हो, हम भी इसी तरफ़ हैं
पर फ़ासले क्यूँ इतने हैं दरमियान अपने?
माँगा था चैन तुमने, मैंने सुकून चाहा
फिर दर्द इस तरह क्यूँ हैं मेहरबान हम पे?

अंजाम गुफ़्तगू का जब ख़त्म हो जिरह पे
छूटे जो हाथ, रिश्ते उलझे हैं क्यूँ गिरह में
क्यूँ साथ-साथ रहकर हैं अजनबी से इतने?
ये दर्द इस तरह क्यूँ हैं मेहरबान हम पे?

हर रोज़ एक झड़प को मंसूब कर लिया है
बस काम ही में ख़ुद को मसरूफ़ कर लिया है
बर्बाद है मुहब्बत, बेज़ार से हैं सपने
ये दर्द इस तरह क्यूँ हैं मेहरबान हम पे?

किस बात की कमी है, क्यूँ ज़िंदगी थमी है?
क्यूँ आसमाँ है तेरा, और क्यूँ मेरी ज़मीं है?
क्यूँ ज़िंदगी अचानक यूँ बँट गई है हम में?
ये दर्द इस तरह क्यूँ हैं मेहरबान हम पे?

फ़रामोश

ओढ़े बिना कफ़न कोई ख़ामोश हो गया
था सख़्त जो कभी वो नरमजोश हो गया
कुछ दोस्त बस कयास लगाते ही रह गये
क्यूँ आज ख़ुद से ही वो फ़रामोश हो गया

चेहरे की तरह उसकी नज़र भी सवाली हैं
वीरान सा है दिल, ये मुक़द्दर भी ख़ाली हैं
पीता नहीं वो दर्द में मदहोश हो गया
क्यूँ आज ख़ुद से ही वो फ़रामोश हो गया

सपनें ख़रीद कर वो तिजारत में बिक गया
बोली लगाई दिल की मगर मुफ़्त लुट गया
बर्बाद वो बज़ार में हर रोज़ हो गया
क्यूँ आज ख़ुद से ही वो फ़रामोश हो गया

दुनिया के रंग-रूप समझ ही नहीं सका
उलझा कुछ इस तरह कि सुलझ ही नहीं सका
ख़ुद आइने से छुप के जो ख़ुशपोश हो गया
क्यूँ आज ख़ुद से ही वो फ़रामोश हो गया

ख़तम कर दूँ

सोचता हूँ क़िस्मत से फ़ासला ख़तम कर दूँ
रोज़-रोज़ मरने का सिलसिला ख़तम कर दूँ
रोक ना सकेंगी फिर ख़्वाहिशें मेरी राहें
घोंटकर गला उसका हौसला ख़तम कर दूँ

ना रहेगा दिल पत्थर, ना रहेगा वादा अब
ज़िंदगी से लड़ने का ना रहा इरादा अब
करके मैं सुलह सबसे मामला ख़तम कर दूँ
रोज़-रोज़ मरने का सिलसिला ख़तम कर दूँ

होने या न होने का जब असर न हो कोई
तोड़ दूँ मैं दिल अपना और ख़बर न हो कोई
प्यार इश्क़ वाला मैं फ़ैसला ख़तम कर दूँ
रोज़-रोज़ मरने का सिलसिला ख़तम कर दूँ

उसके दर्द से मेरा वास्ता नहीं कोई
उसके घर तलक मेरा रास्ता नहीं कोई
मंज़िलें नहीं मेरी, काफ़िला ख़तम कर दूँ
रोज़-रोज़ मरने का सिलसिला ख़तम कर दूँ

जीतना उसे ही था, मैं तो बस निशाना था
हर दफ़ा मुझे ही दिल दाँव पर लगाना था
हार मानकर सबसे मैं गिला ख़तम कर दूँ
रोज़-रोज़ मरने का सिलसिला ख़तम कर दूँ

सोती चली गई

आँखों में आके नींद फिसलती चली गई
चंदा की धूप आँख में चुभती चली गई
कुछ ख़्वाब भीगते रहे दीवार के परे
जगता रहा मैं और वो सोती चली गई

मैं सोचता रहा जो समय साथ कट गया
जब ज़िंदगी बँटी तो वो ग़ैरों में बँट गया
और ऐसे ज़िंदगी मेरी घटती चली गई
जगता रहा मैं और वो सोती चली गई

गुज़रे हुए पलों को क़दर भी नहीं मिली
आती हवा से कोई ख़बर भी नहीं मिली
और इंतज़ार की घड़ी चलती चली गई
जगता रहा मैं और वो सोती चली गई

ठोकर लगी तो शुक्र है कि अक़्ल चल पड़ी
सब भूलकर ये राह अलग मोड़ मुड़ गई
हाँ, देर तक निगाह डुबोती चली गई
जगता रहा मैं और वो सोती चली गई

इसलिए चुप हूँ

कुछ नहीं है कहने को, इसलिए तो चुप हूँ मैं
कछ नहीं समझने को, इसलिए तो धुत हूँ मैं
मैं ज़ुबाँ को क़ाबू में, कर नहीं सकूँ शायद
होश ही नहीं मुझको, इसलिए तो चुप हूँ मैं

ख़ामुशी में बैठा हूँ, ख़ुद को सुन सकूँ शायद
भीड़ में हज़ारों की, ख़ुद को चुन सकूँ शायद
चाँदनी है डसने को, मरने को बहुत हूँ मैं
होश ही नहीं मुझको, इसलिए तो चुप हूँ मैं

अजनबी हूँ मैं सबसे, कोई ना हुआ मेरा
है अलग मरज़ मेरा, दर्द बे-दवा मेरा
संगदिल सनम मेरा, इसलिए तो बुत हूँ मैं
होश ही नहीं मुझको, इसलिए तो चुप हूँ मैं

ज़िंदगी की जंग

ज़िन्दगी तू जीने की, एक तो वजह दे दे
रात है अंधेरी सी, आस की सुबह दे दे
चाँद की तमन्ना में ज़िंदगी गंवा दी है
हो जहाँ सुकूने-दिल, ऐसी एक जगह दे दे

कुछ यक़ीन भरके तू एक चिराग़ कर रोशन
गर ख़िज़ा भी आए तो कर बहार का मौसम
बदले में मेरे दिल के तू शक्रो-शुबह ले ले
हो जहाँ सुकूने-दिल, ऐसी एक जगह दे दे

अश्क़ लेके आँखों से नींद भर दे ख़्वाबीदा
फूँक दे कोई जादू, कर दे फिर मुझे ज़िंदा
अपने दर्द अपने ग़म तू किसी तरह ले ले
हो जहाँ सुकूने-दिल, ऐसी एक जगह दे दे

मैंने जो ख़ताएँ की, मुझको उनकी माफ़ी दे
माफ़ कर न पाए तो जो सज़ा हो बाक़ी दे
भूल जा लड़ाई तू, या मुझे ज़िबह दे दे
हो जहाँ सुकूने-दिल, ऐसी एक जगह दे दे

अजीब सा दोराहा

क्या अजीब मुश्किल है, कैसा ये दुराहा है
किसके दर्द से मेरा, दिल अभी कराहा है
एक मैं हूँ जिसको अब चाहता नहीं कोई
दूसरा है वो जिसको, मैंने ख़ूब चाहा है

माना इक तग़ाफ़ुल ने दिल्लगी किया होगा
उससे हर घड़ी मैंने प्यार ही किया होगा
एक मैं हूँ जिसने इस बात को सराहा है
दूसरा है वो जिसको, मैंने ख़ूब चाहा है

सब्र ही मुहब्बत है, सब्र ही दिलासा है
दिल ये मेरा लेकिन जन्मो-जनम का प्यासा है
एक मैं हूँ जिसने हर फ़र्ज़ को निबाहा है
दूसरा है वो जिसको, मैंने ख़ूब चाहा है

माना दिल की कश्ती का दर्द ही किनारा है
प्यार की वजह से लेकिन ये दिल-बहारा है
एक मैं हूँ जिसका उम्मीद ही सहारा है
दूसरा है वो जिसको, मैंने ख़ूब चाहा है

ख़ुद को सज़ा

ज़िंदगी जब भी तुझे अपना बनाया हमने
हर दफ़ा तुझको पराया ही क्यूँ पाया हमने
तुझसे उल्फ़त तो न थी मेरी ख़ता में शामिल
ख़ुद को हर बार सज़ा फिर क्यूँ सुनाया हमने

ना सवालात किए मैंने कभी भी तुझसे
ना ही ज़ुल्मों के हिसाबात ही माँगे हमने
फिर मेरे सब्र की क़ीमत क्यूँ चुकाया हमने
ख़ुद को हर बार सज़ा फिर क्यूँ सुनाया हमने

तेरे रिश्ते को निभाने में लुटाया ख़ुद को
इक शनासाई बनाने में भुलाया ख़ुद को
अपनी हस्ती यूँ ही हर रोज़ मिटाया हमने
ख़ुद को हर बार सज़ा फिर क्यूँ सुनाया हमने

आज नीलाम हुई जो भी बची थी इज़्ज़त
वरना बाज़ार में इसकी भी नहीं थी क़ीमत
जान की बाज़ी मुहब्बत में लगाया हमने
ख़ुद को हर बार सज़ा फिर क्यूँ सुनाया हमने

नाराज़ ज़िंदगी

एक बार ज़िंदगी से अगर बात हो कहीं
गर रास्तों पे उससे मुलाक़ात हो कहीं
इन बादलों की भीड़ पिघल जाए शर्म से
एक बार इन निगाहों से बरसात हो कहीं

कितनी दफ़ा बुलाऊँ, वो आती नहीं कभी
वो मुझको अपने घर भी बुलाती नहीं कभी
इक बार मेरी ओर से आवाज़ दो तुम्हीं
एक बार ज़िंदगी से अगर बात हो कहीं

है उससे कितना प्यार मुझे, जानती है वो
माना कि सिर्फ़ नाम से पहचानती है वो
शायद वो आज शक़्ल भी पहचान ले मेरी
एक बार ज़िंदगी से अगर बात हो कहीं

मुझको ख़बर नहीं थी यूँ नाराज़ होगी वो
मुझको लगा था मेरी तलबग़ार होगी वो
वो मान जाए, इसमें मेरी मात ही सही
एक बार ज़िंदगी से अगर बात हो कहीं

बिन ज़िंदगी के कैसे किया जाएगा सफ़र
ताउम्र तन्हा कैसे पिया जाएगा ज़हर
बेशक़ मेरी रिहाई की सौग़ात हो अभी
एक बार ज़िंदगी से अगर बात हो कहीं

मुस्कुराती ज़िंदगी

ख़ुशी लाख नज़रें चुराती रहे
कड़ी धूप दामन जलाती रहे
हर एक दौर में ज़िंदगी तू मगर
दुआ है यूँ ही मुस्कुराती रहे

ये तक़दीर काँटें बिछाती रहे
ये बरसात आँखें भिगाती रहे
निगाहों से ऐ ज़िंदगी तू मगर
दुआ है यूँ ही मुस्कुराती रहे

भले रात तुझको जगाती रहे
तुझे नींद चाहे डराती रहे
सुबह तक मेरी ज़िंदगी तू मगर
दुआ है यूँ ही मुस्कुराती रहे

ये दुनिया मुझे चाहे क़ाफिर कहे
मुझे रोज़ सूली चढ़ाती रहे
मेरे साथ, ऐ ज़िंदगी तू मगर
दुआ है यूँ ही मुस्कुराती रहे

जी ले

बस आज ज़िंदगी है, ख़ुशरंग होके जी ले
ठुकराए कोई अपना, ख़ुद संग होके जी ले
जीवन का क्या भरोसा, कब जीत जाए तुझसे
तब तक तू बन सिपाही और जंग होके जी ले

है कौन इस जहाँ में, जिसने ख़ता नहीं की
पर है गुनाह उसका, जिसने दुआ नहीं की
अपनी कठौती में ही, ख़ुद गंग होके जी ले
बस आज ज़िंदगी है, ख़ुशरंग होके जी ले

इंसान को नहीं है इंसान की भी परवाह
हर दिल धुँआ-धुँआ है, अब हर ख़बर है अफ़वाह
तू धड़कनों में अपनी, आहंग होके जी ले
बस आज ज़िंदगी है, ख़ुशरंग होके जी ले

सीधी सी राह चलना, आसान कब हुआ है
हर रास्ते का पत्थर, भगवान कब हुआ है
पानी है रूह तेरी, बेरंग होके जी ले
बस आज ज़िंदगी है, ख़ुशरंग होके जी ले

धूमिल कहकशाँ

बेरंग सी सुबह है, बेनूर आसमाँ है
मतलब की ज़िंदगी में खुदगर्ज़ दास्ताँ है
किससे कहें सुने हम ये ज़िंदगी की बातें
सुनता नहीं है कोई, हर शख़्स बेज़ुबाँ है

पानी ने बोतलों से रिश्ता नया बनाया
जब धूल ने हवा को रस्ता नया दिखाया
लगता है जैसे अब तो धूमिल वो कहकशाँ हैं
बेरंग सी सुबह है, बेनूर आसमाँ है

दिन रात दौड़ती हैं मंज़िल की ओर राहें
मिलती नहीं किसी से, मसरूफ़ हैं निगाहें
रुकता नहीं कभी भी, कैसा ये कारवाँ है
बेरंग सी सुबह है, बेनूर आसमाँ है

है लोग अजनबी से, है अजनबी ज़माना
बनती नहीं कहानी, मिलता नहीं फ़साना
रूठी है ज़िंदगानी, खोया सा ये जहाँ है
बेरंग सी सुबह है, बेनूर आसमाँ है

ज़हर से आराम

एक शख़्स अकेला ही सुबह-शाम मिला है
ग़ैरों के लिए जीने का ईनाम मिला है
हर एक दवा आज़मा के देख लिए हम
हर रोज़ ज़हर पीके ही आराम मिला है

पीते ही चला आया ख़यालों में सितमगर
याद आ गई वो रात लिए क़त्ल का मंज़र
जिसको जहाँ में हादसे का नाम मिला है
हर रोज़ ज़हर पीके ही आराम मिला है

अच्छा है ज़हर पर ये मेरी जान अगर ले
कर जाए मेरी ज़िंदगी आसान अगर ये
ज़ालिम को मगर और कोई काम मिला है
हर रोज़ ज़हर पीके ही आराम मिला है

उनकी ही गवाही पे सज़ा-याफ़्ता हूँ मैं
मंज़िल को ख़बर थी कि फ़क़त रास्ता हूँ मैं
क्या कम है फ़क़त इश्क़ का इल्ज़ाम मिला है
हर रोज़ ज़हर पीके ही आराम मिला है

क्या लोग कहेंगे मुझे ये फ़र्क़ नहीं है
जन्नत भी यहीं पर है, मेरा नर्क यहीं है
जब साक़िया के हाथ से ये जाम मिला है
हर रोज़ ज़हर पीके ही आराम मिला है

सबकुछ गँवाके अब नहीं पाना है किसी को
एक दिन तो कहीं और ही जाना है सभी को
कल रात यही मौत का पैग़ाम मिला है
हर रोज़ ज़हर पीके ही आराम मिला है

माँ

हर दर्द मेरी ख़ातिर तुमने ही तो सहा है
जाँ भी कराह पहुँची पहले से तू वहाँ है
हर चोट पे हमारे रोती है जो वो माँ है
कैसे बताऊँ पत्थर एक बुत है या ख़ुदा है

वो लोरियों में रातें, परियों की वो कहानी
हाथों में तेरी उँगली, थी प्यार की निशानी
हर गुदगुदी में मुझसे भी ज़्यादा जो हँसा है
कैसे बताऊँ पत्थर एक बुत है या ख़ुदा है

आँचल से मैं निकलकर जब धूप से मिला था
बनकर मैं चाँद तेरा, जब रात में खिला था
हर बार पूछती है, खाने में आज क्या है
कैसे बताऊँ पत्थर एक बुत है या ख़ुदा है

दुनिया से और पहले का क़िस्सा है हमारा
जो गर्भ में बना था, वो रिश्ता है हमारा
तुझसे शुरू हुई थी जो मेरी दास्ताँ है
कैसे बताऊँ पत्थर एक बुत है या ख़ुदा है

दुनिया में हर जगह वो जब ख़ुद पहुँच न पाया
उसने मुहब्बतों से, ऐ माँ, तुझे बनाया
ख़ुद से भी ज़्यादा रब को, माँ पर यक़ीं रहा है
कैसे बताऊँ पत्थर एक बुत है या ख़ुदा है

कैसे तुझे न पूजे, मंदिर के सब पुजारी
जननी है तू जहाँ की, क्या नर है क्या है नारी
तुलसी की क्या ज़रूरत, आँगन में जिसके माँ है
कैसे बताऊँ पत्थर एक बुत है या ख़ुदा है

प्यार छिन जाएगा

सोचा नहीं था ऐसी भी रात होगी एक दिन
जिसकी सुबह न होगी फिर से जवाँ तेरे बिन
जाओगे इस दफ़ा तो ऐसे नहीं मिलोगे
छिन जाएँगे मुहब्बत वाले हसीन पलछिन

जब ज़र्द एक सितारा गिर जाएगा ज़मीं पे
तब वक़्त का सफ़र भी थम जाएगा वहीं पे
ख़ामोश होंगी रातें, बातें रहेंगी बातिन
सोचा नहीं था ऐसी भी रात होगी एक दिन

सीधे सवाल होंगे, सीधा जवाब होगा
फिर वस्ल के पलों का पूरा हिसाब होगा
खर्चोगे मुझसे मिलके लम्हें तमाम गिन-गिन
सोचा नहीं था ऐसी भी रात होगी एक दिन

मैं नशे में नहीं हूँ

मैं ज़मीं पे ना सही, मैं कहकशे में हूँ नहीं
ज़िंदगी शराब-घर है, मयक़दे में हूँ नहीं
ग़ौर से तो देखिए, ज़रा सँभालकर मुझे
मुझमें है नशा कहीं, कि मैं नशे में हूँ नहीं

ज़िंदगी के जश्न में ही ज़िंदगी नहीं मिली
दर्द ही था हर जगह, कहीं ख़ुशी नहीं मिली
वो गई है उस जगह मैं जिस पते में हूँ नहीं
मुझमें है नशा कहीं, कि मैं नशे में हूँ नहीं

आह से शुरू हुआ, निगाह का मेरा सफ़र
आईने को फिर कभी, मिली नहीं मेरी ख़बर
अब किसी नज़र के तंग दायरे में हूँ नहीं
मुझमें है नशा कहीं, कि मैं नशे में हूँ नहीं

चैन ले गया मेरा, वो बेक़रार कर गया
धड़कनों पे इस क़दर वो इख़्तियार कर गया
क्या मज़ा मिला उसे जो मैं मज़े में हूँ नहीं
मुझमें है नशा कहीं, कि मैं नशे में हूँ नहीं

याद आ गई तो यूँ लगा वो आस-पास है
हिज़्र में मेरी तरह ही उसका जी उदास है
मैं बिछड़ के भी दिलों के फ़ासले में हूँ नहीं
मुझमें है नशा कहीं, कि मैं नशे में हूँ नहीं

उसका नाम हो गया है मेरे नाम की जगह
दर्द ले लिया है मैंने इंतक़ाम की जगह
मिट गया हूँ, अब क़ज़ा के आसरे में हूँ नहीं
मुझमें है नशा कहीं, कि मैं नशे में हूँ नहीं

अगरचे ख़याल है

है जश्न बे-मिसाल, अगरचे ख़याल है
ये चंद सरफ़िरों के ज़िबह का कमाल है
है फ़ख्र ख़ूब आज मगर एक सवाल है
आज़ाद हैं अगर तो क्यूँ जीना मुहाल है

ना चैन की है रात ही, ना आस का सहर
ना आज की है ख़ैर, न कल की कोई ख़बर
बस भागती है ज़िंदगी, एक भेड़चाल है
है जश्न बे-मिसाल, अगरचे ख़याल है

हर पाँच साल में जगा सोता हुआ नसीब
कमज़ोर है तो किसको भला वोट दे ग़रीब
गाँधी के शहर लाठियों का बोलबाल है
है जश्न बे-मिसाल, अगरचे ख़याल है

जाते हुए तो लूट गए रंग और रूप
पर छोड़ के गए हैं वो जुल्मो-सितम की धूप
और पूछते हैं हमसे कि क्या हालचाल है
है जश्न बे-मिसाल, अगरचे ख़याल है

¹ज़िबह – बलिदान

वक़्त ज़िंदगी से

ज़िंदगी कभी मेरा, इंतिख़ाब मत करना
तू मुझे सवालों का, फिर जवाब मत करना
वक़्त हूँ तेरा लेकिन लौट ना सकूँ शायद
मैं गुज़र चुका हूँ अब तू हिसाब मत करना

अब हलक से उतरा तो प्यार ये ज़हर होगा
देखकर तेरी आँखें जाने क्या असर होगा
तू कभी निगाहों को फिर शराब मत करना
ज़िंदगी कभी मेरा, इंतिख़ाब मत करना

नींद अब नहीं मेरी, ना सुकूं की राहत अब
ग़म न कर मुझे ग़म की पड़ गई है आदत अब
चुभ न जाऊँ आँखों में, मेरा ख़्वाब मत करना
ज़िंदगी कभी मेरा, इंतिख़ाब मत करना

याद का भरोसा क्या, आती है तो आएगी
दो घड़ी ख़ुशी देकर दर्द ही बढ़ाएगी
भूल जा, मेरी ख़ातिर दिल अज़ाब मत करना
ज़िंदगी कभी मेरा, इंतिख़ाब मत करना

आज अब नहीं हूँ मैं, कल भी ना रहूँ शायद
गर कहीं मिलूँ तुझसे तो यही कहूँ शायद
पिछले के लिए अगला पल ख़राब मत करना
ज़िंदगी कभी मेरा, इंतिख़ाब मत करना

कम्बख़्त वक़्त

जानता था मैं एक दिन, वक़्त जब दग़ा देगा
ग़र्दिशों के दिन मेरी हैसियत बता देगा
नींद जब भी आएगी पुर-सुकून रातों में
ख़्वाब कोई आकर फिर से मुझे जगा देगा

एक दूसरे से हम दोनों अजनबी होंगे
मैं कभी ख़फ़ा हूँगा, रूठे वो कभी होंगे
ऐसे ही अचानक शिकवा-गिला बढ़ा देगा
जानता था मैं एक दिन, वक़्त जब दग़ा देगा

जानता है सबकुछ वो, चाहे आज हो कल हो
राज़ कोई गहरा हो, या निगाह काजल हो
वो तमाम लोगों को दास्ताँ सुना देगा
जानता था मैं एक दिन, वक़्त जब दग़ा देगा

कब, कहाँ, किसी से है वक़्त की वफ़ादारी
रुकने के बहाने ये कर चला है मक्कारी
क़त्ल करके मुझपे इल्ज़ाम भी लगा देगा
जानता था मैं एक दिन, वक़्त जब दग़ा देगा

मेरी ज़मीं के नीचे

मेरी ज़मीं के नीचे, एक आसमाँ हो जैसे
दो पर लगे हों मुझमें, दिल कहकशाँ हो जैसे
कैसा हसीं सफ़र है इस ज़िंदगी के आगे
आँखों में आज मेरी, दोनों जहाँ हो जैसे

परवाज़ से है ज़िंदा, मेरा वजूद शायद
खुद में ही ढूँढने से मिलती है रूह शायद
जीना ही ज़िंदगी का नामो-निशाँ हो जैसे
मेरी ज़मीं के नीचे, एक आसमाँ हो जैसे

सोचा न था सफ़र में, ये मोड़ भी मिलेगा
मंज़िल से दूर रस्ता तन्हा सफ़र करेगा
कश्ती खुद आज अपनीं ही बादबाँ हो जैसे
मेरी ज़मीं के नीचे, एक आसमाँ हो जैसे

क़सम

खुद से दूर जाने की, थी न मेरी मजबूरी
ली है एक क़सम मैंने, है न कोई हुशियारी
आँसुओं से जो मैंने, एक लक़ीर खींची है
पत्थरों, ये ना समझो, है ये मेरी कमज़ोरी

हर ख़ुशी की अपनी ही, एक मियाद होती है
उम्रभर मगर यादें साथ-साथ होती हैं
सब किया मुक़द्दर ने, थी न मेरी मंज़ूरी
पत्थरों, ये ना समझो, है ये मेरी कमज़ोरी

आज भी वही ख़ुशबू, जिस्म से महकती है
शाख़ एक संदल की, सीने में सुलगती है
बस पुरानी यादें हैं, ये नहीं है कस्तूरी
पत्थरों, ये ना समझो, है ये मेरी कमज़ोरी

हाँ बदल गए क़िस्से, पर कहानी बाक़ी है
आज भी समुंदर में, एक रवानी बाक़ी है
मुख़्तसर सा है जीवन, जीने की है तैयारी
पत्थरों, ये ना समझो, है ये मेरी कमज़ोरी

नज़रिया बदल गया

किनारों ने है ली करवट तो दरिया भी बदलना था
सफ़र में मोड़ आया है तो रस्ता भी बदलना था
उतर आए ज़मीं पर चाँद-तारे एक ही पल में
बदल दी वक़्त ने नज़रें, नज़रिया भी बदलना था

सभी के साथ हँसती बोलती है ज़िंदगी अपनी
नई खुशियों के दर भी खोलती है ज़िंदगी अपनी
उसे हर दिन खुशी देने का ज़रिया भी बदलना था
बदल दी वक़्त ने नज़रें, नज़रिया भी बदलना था

मुक़द्दर से शिक़ायत अब पुरानी बात है शायद
मुझे लगता है पत्थर में कहीं जज़्बात हैं शायद
खुदा के इश्क़ में पड़कर दहरिया भी बदलना था
बदल दी वक़्त ने नज़रें, नज़रिया भी बदलना था

मिला है हमसफ़र तो ज़िंदगी का है सफ़र आसां
दुआओं से मिली नज़रें, शुआओं से हुई नादां
गया पतझड़ तो सावन में संवरिया भी बदलना था
बदल दी वक़्त ने नज़रें, नज़रिया भी बदलना था

[1]दहरिया – नास्तिक

इश्क़ लाईलाज

समझाया ज़िंदगी ने तो आई समझ में बात
नाराज़ होके वक़्त बदलता है जब मिज़ाज
तब ढूँढना है खुद में मसीहा, कि मानिए
है इश्क़ लाईलाज, ये है दर्द लाईलाज

छोड़ा दवा ने साथ, मेरा दर्द भी गया
उस दर्द के बग़ैर वो हमदर्द भी गया
अब ज़ख़्म हो गया है दुआओं का मोहताज
है इश्क़ लाईलाज, ये है दर्द लाईलाज

करता रहा मैं रब से बग़ावत हर एक रोज़
होगा वो आसमाँ से किसी दिन ज़मींनदोज़
इस जंग के अलावा नहीं कोई कामकाज
है इश्क़ लाईलाज, ये है दर्द लाईलाज

इस जंग में हज़ार शिकस्ता नसीब हो
इस जंग की वजह से खुदा तो क़रीब हो
फिर उसके साथ जाने में किसको है ऐतराज़
है इश्क़ लाईलाज, ये है दर्द लाईलाज

[1]ज़मींनदोज़ – ज़मीन के अंदर

आपकी परवाह

ऐसा नहीं कि आपकी परवाह ही नहीं
या आपसे वफ़ा की मेरी चाह ही नहीं
समझा चुका हूँ सौ दफ़ा, अब और क्या करूँ
ये दिल मेरी तबाही से आगाह ही नहीं

जो हो गया उसे मैं बदल तो न पाऊँगा
मैं ठोकरों से गिरके सँभल क्यूँ न पाऊँगा
ठहरा हूँ पर सफ़र मेरा गुमराह भी नहीं
ऐसा नहीं कि आपकी परवाह ही नहीं

जो दूरियाँ हैं वो मेरी मजबूरियाँ नहीं
ज़ख़्मों में मेरे दर्द की कमज़ोरियाँ नहीं
आँखों में आँसुओं की मगर थाह ही नहीं
ऐसा नहीं कि आपकी परवाह ही नहीं

जीवन संभालने के तरीक़े तो हैं मगर
मौक़े के साथ थोड़ी सी मोहलत मिले अगर
बर्बादियों की रात बहुत स्याह भी नहीं
ऐसा नहीं कि आपकी परवाह ही नहीं

तुम साथ दो तो फिर से सफ़र एक शुरू करें
फिर अपनी ज़िंदगी से नई आरज़ू करें
ये इल्तिजा है मेरी, फ़क़त चाह ही नहीं
ऐसा नहीं कि आपकी परवाह ही नहीं

ख़ाली हाथ ज़िंदगी

खुशियों के साथ दर्द का आना है ज़िंदगी
सब खोके ही सुकून का पाना है ज़िंदगी
कितनी भी हो अज़ीज़, जमाने में कोई चीज़
सब छोड़ ख़ाली हाथ ही जाना है ज़िंदगी

जब ज़िंदगी में जीने का मक़सद कोई न हो
जब दर्द की निगाह में हसरत कोई न हो
तो उम्र काटने का बहाना है ज़िंदगी
सब छोड़ ख़ाली हाथ ही जाना है ज़िंदगी

जब दूर तक निगाह में दिखता कोई न हो
जब दिल में एक प्यार का रिश्ता कोई न हो
तब रूह को ही अपना बनाना है ज़िंदगी
सब छोड़ ख़ाली हाथ ही जाना है ज़िंदगी

जब रहगुज़र पे धूप हो, मंज़िल कोई न हो
जब कश्तियों की राह पे साहिल कोई न हो
सजदों को शामियाना बनाना है ज़िंदगी
सब छोड़ ख़ाली हाथ ही जाना है ज़िंदगी

शौक़ीन

एक एहतराम भी उसे तौहीन सा लगा
अपने ही एक यक़ीन पे आमीन सा लगा
वो दिल की कायनात भी हँसकर लुटा गया
बर्बादियों का ख़ुद ही वो शौक़ीन सा लगा

पहली नज़र में हश्र भले पढ़ गया था वो
और पढ़के मुतमईन बहुत रह गया था वो
कम्बख़्त कुछ ज़ियादा ही शालीन सा लगा
बर्बादियों का ख़ुद ही वो शौक़ीन सा लगा

सबकुछ गँवा के आज तलक जी रहा है वो
जिन आँसुओं को दिल लगा के पी रहा है वो
मीठा कभी ज़रा, कभी नमकीन सा लगा
बर्बादियों का ख़ुद ही वो शौक़ीन सा लगा

जीवन में उसका आना भी वो रोक ना सका
जाते हुए भी रास्तों पे टोक ना सका
उसकी ख़ुशी में दर्द भी आमीन सा लगा
बर्बादियों का ख़ुद ही वो शौक़ीन सा लगा

इस ग़म की तीरगी का असर यूँ हुआ कि अब
दुनिया की महफ़िलों में कहीं गुम हुआ कि अब
मिलकर ख़ुशी से भी बड़ा ग़मगीन सा लगा
बर्बादियों का ख़ुद ही वो शौक़ीन सा लगा

फ़लक तक | डॉ राजेश गुप्ता 'राजे'

मैं नाराज़ होता हूँ

मुहब्बत हद से बढ़ जाये तो मैं नाराज़ होता हूँ
ये दिल क़ाबू में ना आये तो मैं नाराज़ होता हूँ
ये मेरी धड़कनें थम जायें तो कुछ ग़म नहीं मुझको
मगर तुझको ही दोहराये तो मैं नाराज़ होता हूँ

मेरी उम्मीदों के सहरा में बनके बारिशें बादल
मेरी बूँदों में घुल जाये ये तेरी आँख का काजल
भले सैलाब आ जाये तो पी लूँगा तेरा हर ग़म
मगर जो आँख छलकाये तो मैं नाराज़ होता हूँ

तू अपनी ज़िंदगी में खुश है मैं तन्हाई में अपनी
तेरी सोहबत में दुनिया है, नहीं परछाई भी अपनी
सलामत हो तेरी महफ़िल, ये अर्ज़ी है मेरी रब से
मगर दिल शोर बन जाये तो मैं नाराज़ होता हूँ

भटकता हूँ भटकने दे, तू क्यूँ परवाह करता है
तू क्यूँ रस्ता दिखाके ख़ामख़ा गुमराह करता है
वो मंज़िल उम्रभर छुपती रहे बेशक़ निगाहों से
सफ़र राहों पे रुक जाये तो मैं नाराज़ होता हूँ

किराए का घर

मुरझाने को ही बाग़ में सब फूल खिलते हैं
पानी भरे ही मेघ सराबोर गिरते हैं
मिट्टी के इस जहान में मंज़िल न ढूँढ़िए
सब लोग ही किराये के इक घर में रहते हैं

क्या चाँद-तारों का है ठिकाना वो आसमाँ
हर दिन निकलना है यहाँ तो डूबना वहाँ
वो रोज़ मेरे साथ यही बात करते हैं
सब लोग ही किराये के इक घर में रहते हैं

झरना भी पर्वतों से उतर कर नदी बना
नदियाँ भी एक बहर की लहर में हुई फ़ना
जीवन सफ़र है, गाँव नगर साथ चलते हैं
सब लोग ही किराये के इक घर में रहते हैं

क्यों धूप में शजर जहाँ को छाँव देते हैं
फल मीठे होके सब्र से ही काम लेते हैं
और भूलके ये बात हम आपस में लड़ते हैं
सब लोग ही किराये के इक घर में रहते हैं

शाम ख़ाली हाथ

हर शाम ख़ाली हाथ ही आती है मेरे पास
हर शाम ख़ाली हाथ ही वो लौट जाती है
दिन से निकल के राह पे ख़ामोश आरज़ू
हर रात तीरगी के दिये सौंप जाती है

सहरा भी है निगाह में, दरिया भी है कहीं
वीरानगी की भीड़ में दुनिया भी है कहीं
खुशियों की राह आके नमी रोक जाती है
हर रात तीरगी के दिये सौंप जाती है

हर शाम देखती है मुझे आख़िरी नज़र
हर शाम ज़िंदगी की लगी आख़िरी मगर
हर बार मेरी मौत मुझे छोड़ जाती है
हर रात तीरगी के दिये सौंप जाती है

ख़ुदा का खेल

मैं मुझमें हूँ अगर तो देख पाता क्यों नहीं?
तू मुझमें है कहीं तो फिर बताता क्यों नहीं
ये कैसा खेल मुझसे खेलता है, ऐ ख़ुदा
गर जीतना ही है, मुझे हराता क्यों नहीं?

है ये ज़मी भी तेरी, आसमान भी तेरा
हर शय पे इस जहाँ के है निशान भी तेरा
मुझपे भी अपना हक़ कभी जताता क्यों नहीं?
गर जीतना ही है, मुझे हराता क्यों नहीं?

जो कल गुज़र गया मैं वो समझ नहीं सका
और आने वाले कल का भी मुझे नहीं पता
तू वक़्त को सहल कभी बनाता क्यों नहीं?
गर जीतना ही है, मुझे हराता क्यों नहीं?

बस ज़िक्र-ए-मौत से ही ज़िंदगी ये ज़र्द है
पर मौत से ज़ियादा ज़िंदगी में दर्द है
तू ज़िंदगी के ख़ौफ़ से बचाता क्यों नहीं?
गर जीतना ही है, मुझे हराता क्यों नहीं?

फ़लक तक जाऊँ

तेरे जहाँ से चाहे जब जाऊँ
यही दुआ है बा-अदब जाऊँ

रहे वजूद का कोई मक़सद
गुज़रते वक़्त बेसबब जाऊँ

मैं मुस्कुराऊँ जाते-जाते भी
निगाह से भले छलक जाऊँ

सफ़र पे बोझ हो न अब कोई
मैं ख़ाली हाथ जाऊँ जब जाऊँ

ये देह जलके मेरी कुंदन हो
मैं खुश्क फूल सा महक जाऊँ

यहीं पे छोड़ कर मेरी मिट्टी
मैं रूह में फ़लक तलक जाऊँ